JN108315

選ぶ就活生、

就職活動における
批判と選択

井口尚樹 Iguchi Naoki

選ばれる企業

晃洋書房

はじめに――就職活動をとらえ直す――

本書は、大学生・院生の就職活動について、学生側の企業選択のプロセスと、そこで生じる葛藤を明らかにする。

就職活動については従来、評価する企業―評価される対象としての学生、という枠組みが主流を占めてきた。一般書では、内定を獲得する方法を記した対策本が多く刊行されており、学術研究でも、企業の採用基準や内定を得た学生の特徴を探る研究が主であった。しかし、この枠組みは就職活動の半面しかとらえていない点に注意する必要がある。学生側の企業選択という、マッチングを決定するもう1つの重要な側面が見逃されているのである。

もちろん、学生の企業選択の条件として、給与、企業規模、仕事内容、労働環境などがあるというのは周知の事実である。しかし、実際に学生はどのような情報に、どのような意味を付与し、企業を評価・選択しているのだろうか。

本書は第1に、学生へのインタビュー調査のデータに基づき、企業側との相互行為を通じた、学生側の企業選択のプロセスを描く。インタビュー調査の長所の1つは、出来事のプロセスを詳細に知ることができる点だ。本書では、一見学生の志望が確定したかのように見える、応募が完了した後でも、例えば、面接官の様子や、なされた質問により志望度が上下するといった事象を描く。一見すると、そうした情報の利用はあまり合理的でないようにも映るが、本研究ではそれが学生にとって持つ合理性を理解しようとする。

インタビュー調査の別の特長は、調査者が予め想定していなかった事象の発見をもたらすことである。就職活動をする学生を表す「就活生」という言葉は、様々なイメージを伴う。多く語られるものとして、自分を少しでも良く見せようと偽りの自己呈示を行う学生の姿や、不採用が重なり「自己否定」に陥る学生の姿がある。日本のメリトクラシーで典型的とされてきたのも、長期的な目標を持たず、目の前の選抜の通過を目指す若者のあり方であった。また、コミュニケーション能力や主体性といった非認知的特徴の評価の研究は、被選抜者の自己帰責を扱ってきた。筆者も調査前は、このような学生の姿を思い描いており、それを念頭に質問をしたりもした。

しかし、調査を通じて、これとは異なる学生の姿も同時に明らかになった。例えば、あえて「素直な」自己呈示を行う学生の姿、あるいは、評価を内面化しないものの、活動を中断する学生の姿である。

本書は、こうした事例の詳細な検討を通じ、「内定獲得を目指す選抜の客体」という単純な学生像を相対化し、一定の主体性を有し、それがゆえに多くの葛藤を抱える学生像を提示する。それは就職活動を行う学生の心理的負担の理解にも役立つと考えられる。

最後に本書の構成を紹介する。

第1章では、本書の学術上の位置付けを示す。これまでの選抜研究が、企業による選抜の解明に関心を集中させてきたことを紹介し、それがどのような問題をもたらすかを述べる。また、日本のメリトクラシー研究における、専ら選抜通過を目指す若者像や、個人のパーソナリティに基づく評価の研究における、評価を受動的に内面化する被評価者像を紹介し、それに対する批判を提起する。調査の結果をいち早く知りたいという方は飛ばしていただいても構わないが、調査結果がもたらす示唆を理解するのに役立つはずである。

第2章では、学生の企業選択の過程を描く。その際、企業規模や事前のキャリア意識だけでなく、企業側との相互行為を通じた情報収集と選択という視点から説明する。具体的には、企業の社員の様子や選考方法を、学生がどのように評価し選択に活かしているかを描く。この章では、企業を志望した後は応募者は選抜される側にまわるというジョブ・マッチングの見方を相対化し、応募者と企業が常に双方向的に評価しあうという選抜の見方を提示する。

第3章では、企業選択とも結びついていた、企業の選考方法・基準に対する学生の批判の具体的内容を明らかにする。個人のパーソナリティにも関わる特徴をもとに選抜がなされる新規大卒者の就職活動では、一見すると学生は不採用の原因が自分にあるとして自己帰責しやすそうである。しかしインタビューからは、学生がむしろ企業の選考方法・基準を批判する様子がうかがえた。こうした批判は、現在の就職・採用活動のあり方を評価し変化の可能性を考える上でも重要なものとなる。一方で、章の後半では、採用基準認識の困難にも目を向けることで、学生による批判の可能性はどのように限界づけられているか、についても説明する。

第4章では、前章で描いた企業の選抜に対する批判やコミットメントの低下と、「主流の選抜」に背を向けることとの困難との間で生じる葛藤に焦点を当てる。就職活動への批判や中断は、努力からの「逃げ」や、地位獲得の断念というイメージでとらえられがちである。本章では、学生がこうしたイメージを意識せざるを得ない中で、どのような葛藤を抱き、最終的にどのような選択をするに至るのか、を個別事例の分析をもとに描く。

第5章では、前章に引き続き、日本のメリトクラシーと若者についてのオルターナティブな像を提示する。ここでは自分を良く見せようと振る舞うのではなく、あえて率直な自己呈示を行う学生の態度を分析する。就職活動が単なる騙し合いの場ではなく、良いマッチングの追求や納得形成の場としての側面を有し、またそれゆえにこそ騙し合いの側面も存続することを示す。終章ではこれらの結果をまとめ、就職活動の全体像とそれに対する評価を示し、今後の変化の可能性について論じる。

最後に付論では、インタビュー対象者の属性、調査および分析の仕方について記す。

以上が本書全体の構成である。本書はまず、就職・採用活動の望ましいあり方について考えてみたい方に、ぜひ読んでほしい内容となっている。本書は個々の学生の目標、批判や葛藤を詳細に描いており、当事者に寄り添った批判や提言を行うのに役立つものとなることが期待される。また本書は、企業の採用担当者の方々にとっては、どのように企業が選ばれるのか（例えば応募や内定の辞退）について知見を提供するだろう（特に第2、3章）。また就職支援担当職員や保護者の方々にとっては、学生がどのような障害に直面しどのような葛藤を抱えるかを理解するのに役立つと考えられる（特に第4章だが、第2、3、5章も）。就職活動をこれから控える学生の方々にとっては、就職活動はそもそも何かという全体像をつかんだり、様々な選択のパターンを知っておくのに役立つだろう。最後に、就職活動に違和感を感じる学生の方々にとっては、受動的に巻き込まれがちな状況から一歩距離をとり、それを冷静にとらえ直して動くことに役立つと期待される。

目次

第4章

第1章

これまでの就職活動に関する研究と本書の立ち位置

はじめに

本章では先行研究と関連付けながら、本書のねらいをより詳しく論じる。第1に、日本の大学生・大学院生の就職活動の概要を説明する。第2に、従来の大卒就職研究における学生側の見方に関する研究の手薄さを指摘する。第3に、企業側による採用選抜の正統化の仕方を紹介した上で、学生側の批判に注目する意義を論じる。第4に、本書が、人々の行う批判を記述する「批判の社会学」のアプローチをとるとともに、企業と学生の間の双方向的な評価・選択に注目することを論じる。第5に、従来の日本のメリトクラシーの特徴と、そこで典型的とされてきた人間像を紹介する。第6に、多元的で個人の非認知的特徴を含む評価に関する研究を紹介した上で、被選抜者側の主体的反応をみる必要性について論じる。

1　日本の大学生・大学院生の就職活動

本書が事例として扱うのは、日本の大学生・大学院生の民間企業の事務系総合職への就職活動である。まずはそれがどのようなものかを簡単に見ておこう。

日本では、大卒者を採用したい企業は、学生の在学中に採用活動を行い、内定を出した学生には卒業後間を置かずに就業させるのが一般的だ。令和2年度の「学校基本調査」(文科省 2020)によれば、大学(学部)卒業者全体のうち、就職者の割合は77・7%に上る(大学院修士課程修了者の場合は77・9%)。また同年の「学生の就職・採用活動開始時期等に関する調査」(内閣府 2020)によれば、就職活動を行った／行っている大学4年生および大学院修士課程2年生のうち87%は、卒業年次の8月時点で少なくとも1社から内々定を受けていた。

なぜ企業が学生の在学中に採用活動を行うのかについては、「青田買い」という表現がよくなされる。企業は優秀な学生を他社にとられる前に内定を出し、確保しようとするというわけである。一方でこのような競争が激化すると、採用側のコストが増大するとともに、学生にも就職活動をいつ開始すればよいかが不透明になり学修に悪影響が生じるという理由から、経団連あるいは省庁は、企業に対し、採用に関わる活動開始を特定の日以降とするよう要請を出してきた。

こうして、年によって若干のスケジュールの変更はあるものの、学生の就職活動は、大学3年次の後半から大学4年次の前半(内定獲得が遅れる場合は後半)まで、といったように比較的短期間でなされることとなる。そこで学生は企業についての情報を比較的短い期間のうちに入手し、応募先を決めることとなる。(1) 本書は、このような短い期間の中で学生がどのように企業を選択しているかについて明らかにすることを、目的の1つとしている。

最後に社会科学において、新卒時の就職が学生にとってどのような意味を持つとされているかについて簡単に述べておきたい。主に論じられてきたのは、エリートコースへの入り口としての意味、そして安定的な雇用への入り口としての意味である。第1の意味についていえば、日本の大企業では、幹部候補生を新卒時に採用し、企業内で様々な仕事を経験させながら育成をし、年功賃金のもと、長期雇用するという慣行が見られる。大卒時の就職活動は、このような大企業の幹部候補生になるための重要な選抜とされる（田中博秀 1980; 矢野 1993）。一方で、大学進学率が上昇し、大卒者が必ずしも大企業の幹部候補生になるとは限らない中では、第2の安定的な雇用への入り口としての意味も強調されてきた。無業や非正規雇用との対比で、学卒時に正規雇用されることは、将来的な訓練機会や雇用の安定、将来設計のしやすさとの関連で論じられてきた（酒井 2013）。これらの文脈は多くの学生も認識しており、彼らの多くにとって、就職活動は一定の重要性を持つ出来事である(2)。

2　学生側の見方を探る

本書が問題とするのは、日本ではこのような大学生・大学院生の採用・就職活動がどのように行われており、そこにどのような課題があるかということである。この問題を検討する上で本書は、学生側の経験や見方を探るというアプローチをとる。

もちろん採用活動のあり方を決定できるのは企業側であり、学生側の意見は実態に影響を与えない取るに足らないものだという見方もあるだろう。しかし、学生側の経験や見方を無視する限りでは、就職活動がなぜ多くの学生にとって多くの負担や不満をもたらす過程となっているかを理解したり、これを改善することは難しくなる。また、学生側からの批判やそれに基づく改善案は、企業など他の主体にとって負担を生じさせるものばかりではなく、他の主体にとって利益をもたらすものも含まれる可能性もある。

ただしこれまで、学生の視点からの就職・採用活動の見方、あるいはそれに対する批判を主題として探究する試みはあまりなされてこなかった。本田（2010）は大卒就職に関する既存研究をレビューし、それらが主に、どのような学生が企業に選ばれているか、そして企業がどのように学生を選んでいるか、を主題としていると論じた。そして、これらに加えて探究すべき主題として、「大卒就職に関わる諸主体にとって、日本の大卒就職のあり方そのものが、合理性や納得性を有したものであるか」（本田 2010: 28）という「ＱＯＬ問題」を提示した。ただしこの問題について、特に学生側についての研究はその後十分になされてこなかった。

一般の言説を含め大卒採用・就職活動をめぐる規範的議論をまとめた児美川（2012）も、議論における当事者性の不足を指摘している。確かに、インターネット上の言説、新聞の投書などで、就職活動についての学生の意見を目にすることはある。ただし様々な意見を整理したり、それらをもとに学生の就職活動全体をとらえ直そうとすることはあまりなされてこなかった[3]。われわれが就職活動において目にする言説の多くは、学生以外の者（専門家（人材紹介業の関係者を含む）や、企業、大学、政策担当者）によるものである[4]。

そこで本研究では、多様な学生の意見を収集した上で、それを整理し提示するという作業を行う。もちろん、学生の意見が絶対的に正しいものであると主張できるわけではないが、それは大学生の採用・就職活動について、複合的な視点からこれを理解し、議論する助けになると考えられる。

3　正当性のもう1つの側面

その際、併せてみる必要があるのは、企業側が、採用選抜の仕方をどのように正統化しているか、である。重要な研究として、福井康貴（2016）による、経済雑誌、就職活動対策本、就職情報誌の言説分析がある。福井は、明治期以降の大卒就職の採用基準の正当性についての（主に採用側の）考えの変化を明らかにしている。福井によれば、明治期には、現在は不当とみなされる紹介に基づく就職が認められていたほか、大学の成績に基づく評価もみられたという。しかし大学数や大卒者の量的拡大に伴い、紹介や大学内の成績は評価基準としての正当性を失い、面接に基づく人物評価が重要になったという。

福井はさらに、面接での人物評価がいかにして正当とみなされるかの仕組みや論理に踏み込む。具体的には、企業側は学生の語りに対して追加の質問で深掘りすることで、自己呈示が虚偽のものだという疑いを生じにくくさせる。それでもこの疑いは完全に払しょくされないが、最終的に採否は「相性」による、という論理により正統化がなされていることを、福井は見出した。相性という言葉は、明確化された評価基準の残余項を曖昧なままで取り入れ、正統化の資源とするマジックワードのような働きをはたすのだ。

福井の議論を参考にすると、現在の採用活動は、縁故紹介や指定校制といった特定の形については批判されやすいが、他方でそうでない「人物評価」は、追加質問により深掘りという手続きや、「相性」の論理の働きもあり、批判を回避しやすい状況にあると考えられる。

ただし、これはあくまで就職情報誌内においてである。残された重要な問いとして、このような正統化は、社会の他の成員に受け入れられているか、というものがある。本書は、就職活動に臨むもう一方の当事者である学生側の正当性の認識や反応がどのようなものかを問う。企業側による正統化の試みに加え、学生側の解釈や反応も併せてみることで、正統化実践のダイナミズムをとらえ、今後のありうる変化の可能性をとらえるのに役立つと考えられる。また福井が定式化しようとした、就職・採用活動の場の構造についても、より包括的に描けると考えられる。

4 双方向的な選択、および学生による批判への注目

このために本書がとる理論的なスタンスは以下の通りである。

第1に、採用活動のあり方について就活生がなしている批判を紹介し、それをできるだけ分かりやすく整理し見えやすくする、いわば司会者としての役割を研究者(筆者)が担うというスタンスである。これはフランスの社会学者Luc Boltanskiを中心としたグループによる批判の社会学(Sociology of Critique)と共通する(Boltanski 2009)。Boltanskiらは、Pierre Bourdieuの研究に代表される、人々が気づいていない不当な構造について社会学者が直接明らかにし批判するという批判的社会学(Critical Sociology)と、自らのアプローチを区別する。彼らは批判的社会学が、社会の人々が現在の構造の不当さに気づかずにいることを前提としていることを批判する。そして人々が批判の能力を持っていることを踏まえ、実際に批判(あるいは何かを正当として受け入れる判断)を行っているその仕方に注目することが重要だとする。このアプローチは例えば、個人的な不満にすぎないとして見過ごされがちな意見が有する一般性を発見すること、人々の正当性の認識から遊離しないという意味での正当性の基盤を有する批判を構想すること、あるいは特定の批判がなぜ人々の間で広まらないかを明ら

かにすることに有効だと考えられる。[5]

第2に、就職活動を企業による一方的な選抜としてではなく、学生と企業が相互に選び合うプロセスとして見るスタンスをとり、学生側の企業選択やそれと企業側の選抜との間の関連を明らかにする。

就職活動のようなジョブ・マッチング過程に関する従来の社会学・経済学の研究の多くは、企業による選抜と応募者による選択を分けた上で、企業による選抜に関心を集中させてきた（このような見方のことを本書では一方向的選抜図式と呼ぶ）。主要な経済学理論である人的資本論（Becker 1964=1976）、シグナリング理論（Spence 1973）・スクリーニング理論（Stiglitz 1975）、仕事競争モデル（Thurow 1975=1984）はいずれも、企業による応募者の選抜に焦点を当て、それがどのようになされているかを説明するものであった。一方、応募者の選択については、賃金の高さによりなされるという単純な功利主義的な想定が置かれるに留まってきた。

日本の大卒就職の研究もまた、企業による学生の選抜を主題としてきた。本田（2010）がまとめたように、学校歴と就職活動結果の間の関連[6]や、性別、在学中の活動、成績、個人の非認知的特徴などと就職活動結果との関連[7]が主に探究されてきた。また企業への調査や、公開されている「求める人物像」の分析をもとに、採用基準を直接探ろうとする研究[8]もなされてきた。

一方で、学生側の企業選択についての研究は限られている。事前のキャリア意識については多くの研究がなされているが[9]、活動を通じてどのように企業を選択しているかの研究が不足しているのだ[10]。就職ナビサイト運営会社などによる人気企業・業種のランキング、あるいは企業選択で重視する項目を複数選択形式で尋ねた質問紙調査（木谷・根本 2003）、は見られるが、上記項目の単純集計を示すに留まっている。

また学生が利用する情報源を尋ねた質問紙調査（下村・堀洋元 2004; 田中賢久ほか 2013）では、主に書面上の情報の活用に焦点が当てられており、企業側との対面的相互行為を通じ、志望がどのように形成・変化していくかについては十分明らかにされていない。例外としてOB・OG訪問については、それが書面では手に入りにくい職場の雰囲気などについての情報を与えること（苅谷ほか 1992; 下村・堀洋元 2004）や、企業への不安を払拭し就職への決断を助ける働きがあること（中村 2010）が指摘されているが、これらの議論は社会的ネットワーク論の枠内でなされており、企業側との対面的相互行為全般についての議論はなされずにいる。

しかし、学生の企業選択は事前の志望だけでなく、活動プロセスの影響を受けることが、いくつかの調査から示唆される[11]。林ほか（2013）、佐藤一磨ほか（2013）、は、学生の就職活動前の志望業種と、内定先業種の間のズレを、複数時点での質問紙調査から明らかにしている。また稲田・田澤（2013）は、このような業種のズレが、個別企業とのマッチングなどにより、必ずしも内定先満足度の低下につながらないことを説明している。これらの結果は、就職活動プロセスを通じた志望変化があることを示唆するものである。ただし、これまでの研究は主に業種の変化を示すものであり、個別企業への志望変化が、具体的にどのように生じているかを明らかにすることが課題として残されている。

以上のように、これまでの日本の大卒就職研究では、企業による学生の選抜が主題とされてきた一方で、学生の企業選択のプロセスは十分に明らかにされてこなかった。確かに応募者側の選好について、賃金や企業規模によるという単純な想定をおくことには、賃金決定のなされ方、教育達成と初職の関連などを単純化し分析しやすくするという利点もあるだろう。一方でそれは、企業との相互行為を通じた学生側の企業選択やその理由が、十分に可視化されないという弊害をもたらす。それはさらに、学生側の企業選択から見出しうる、学生による企業への批判についての手がかりを得ることを難しくする。本書は、良いマッチングの実現のため、学生が用いる情報と選択を記述する。

5　日本のメリトクラシーについて再考する

これらを通じて本書は、以下の2つの見方を相対化する。第1に、採用・就職活動は、学生が志望を先に決めた後は企業が学生を一方的に選抜する場であるという見方（一方向的選抜図式）、第2に、「人物評価」はメリトクラシーの理念をより忠実に反映した選抜のあり方で、それゆえ人々からの批判が生じない（選抜をされる者は無力な被害者である）という見方である。

これは選抜の仕方に対する人々の認識と反応をテーマとするメリトクラシー論の現状の課題とも深く関連する。そこで代表的な研究を紹介しつつ、本書がいかにそれを乗り越えようとするかを述べる。

（1）日本型メリトクラシーと受験型人間像

日本における選抜を受ける者の反応についての代表的な議論として、竹内洋による『日本のメリトクラシー』(1995) が挙げられる。竹内は、なぜ日本で大衆的な選抜競争への参加が見られるかという問いについて、日本の選抜の形式から説明した。受験競争や企業内昇進の例を挙げつつ、偏差値や昇進の早さといった細かな序列が可視化されていることや、一度失敗しても次の選抜での挽回の余地が残されていることで、人々はライフコースの各段階の選抜で少しでも上に行こうと努力するようになると竹内は説明した。各段階の選抜で少しでも上に昇ろうと努力する一方で、長期的な目標を持たない人々のあり方を竹内は「受験型人間像」と名付けた。それは「熱情もなく、意味もなくてもそれなりにコミットしていく日本の受験体制が造形する人間像（従順な身体）」(1995: 250) であり、彼らが実践するのは、目の前の選抜をとにかく乗り越えるために「自我を操作可能」とし、「必要な時に完璧ですきのないパフォーマンスを演じるように自己を制御すること」である、と。[12]竹内は、受験、企業内昇進といった日本の選抜の中に、細かな序列や挽回可能性の可視化といった、人々を競争へと誘う働きを持つ、選抜システムの特徴を見出し、そこから人々の意欲や心性までをも説明することに成功している。

一方で竹内は次のような課題を残している。竹内は選抜の形式を重視して説明を行った一方で、選抜の相互行為についてはさほど論じていない。竹内は自らの議論を「選抜システム刻印論」と呼ぶが、ここでの選抜システムとは、選抜が繰り返されるかや、序列の区分の細かさといった選抜の形式のことを指す。一方で、評価がどのような相互行為を通じてなされるか、の説明は後景化している。しかし、人々が選抜に参加しようと思うかや、一度選抜で排除された後に再び挑戦をしようと考えるかは、選抜の形式だけでなく、ミクロな相互行為のあり方やそれが正当と感じられるかにも影響されないだろうか。

特に、竹内（1995）以後の日本では、選抜の相互行為のあり方に多くの変化が生じている。例えば受験では筆記試験だけでなくＡＯ（総合型選抜）入試が導入され、さらに一般的に多元的評価の導入の動きがある。こうした変化は、日本のメリトクラシーやそこで形成される「受験型人間」のあり方に影響を及ぼしている可能性がある。竹内が扱った、受験や企業内昇進の事例では、努力が成果に結びつくと人々にとらえられており、実は選抜システムの特徴だけでなくそのことも意欲の加熱に関わっていたのではないか。竹内も終章で、日本のメリトクラシー社会の揺らぎとして、「地位が業績や有用性と無関係になり、外見や押だし、さらには偶然によって決定されることに人々が鋭い感覚をもちはじめたことによる」「『ハプニング』的成功観の台頭」が業績主義イデオロギーを揺るがしていると指摘しているが、こうした変化は、選抜の形式というよりもそこでの相互行為のあり方によりもたらされているのではないか。本書では、その後のメリトクラシー社会の変化を考える上では、選抜をめぐるミクロな相互行為に注目する必要があると考える。

本書では、竹内が残した課題、すなわち選抜をめぐる相互行為のあり方は人々の意欲のあり方にどのような影響をもたらすか、を明らかにしようとする。またこれは、「日本のメリトクラシー」のその後の変化についても示唆を与えてくれると期待される。

（2）非認知的特徴を評価する選抜と抵抗の困難

このような課題に向き合うにあたって、特に参考になるのが、客観的な教育資格や技能資格だけではなく、「コミュニケーション能力」「主体性」などといった個人の非認知的な特徴が評価を左右するとされる選抜と、それがもたらす帰結についての諸研究である。以下では本田由紀によるハイパー・メリトクラシー論と、Ofer Sharone による、個人の非認知的な特徴を評価する選抜がもたらす自己帰責についての研究を紹介する。

本田（2005）は、ペーパーテストのような明確な手続きに基づく選抜に加え、「手続き的な公正さという側面が切り捨てられ、場面場面における個々人の実質的・機能的な有用性に即して個々人を遇する」業績主義の原理がさらに徹底化された選抜が、地位決定における重要性を増しているとし、後者の選抜に基づく地位決定を「ハイパー・メリトクラシー」と呼んだ。本田によればハイパー・メリトクラシーでの評価の対象は、学力のような「一定の手続きによって切り取られる限定的な一部分だけでなく、人間存在のより全体、ないし深部にまで及ぶものとなる」（本田 2005: 21）。それは、意欲、個性、ネットワーク形成力などだとされ、こうした評価対象を本田は「ポスト近代型能力」と呼ぶ。本田によれば、ハイパー・メリトクラシーにより、従来型のメリトクラシーが完全に置き換えられているわけではなく、両者が併存するようになってきているという。そしてハイパー・メリトクラシーは日常の様々な場面において表れており、個人は不断に評価・観察の対象になる、としている。このような選抜の特徴は、就職活動で強調される「人物評価」とも重なる。学生たちは「主体性」「協調性」「コミュニケーション能力」などを意識して選抜に臨んでおり、それは彼らの選抜に対する反応に影響をもたらすと考えられる。

このようなホワイトカラー選抜における個人の非認知的特徴の評価の広まりは、欧米でも強調されており（Beck 1986=1998）、選抜結果を応募者の個人としての特徴によるものだとして自己帰責を生じさせやすくするものとして、個人化論（Beck & Beck-Gernsheim 1993; Bauman 2001=2008）との関連で、議論されてきた（Neckel 1991=1999）。

特に、このような選抜認識を人々が抱くようになることの負の側面を明らかにしようとした経験的研究として、Sharone（2014）が挙げられる。Sharoneは、アメリカのホワイト・カラー、イスラエルのホワイト・カラーと、アメリカのブルー・カラーの就職活動との3事例の比較を行った。Sharoneによれば、履歴書上の経歴や資格に基づいて評価がなされるとされるイスラエルのホワイト・カラー選抜や、単に規律に服することが評価されるアメリカのブルー・カラー選抜では、応募者は不採用となっても自身を責めず、国の雇用状況や選抜の仕方を批判するという。これに対し、面接官との間に心理的なつながりや「当てはまり」の感覚を築くことが重要だとされ、求職者は自身が人に与える印象や、主体としてのあり方を表す物語を、より洗練されたものにしようとするアメリカのホワイト・カラー選抜でのみ、自己帰責や自信の喪失による活動中止という反応が生じるとSharoneは論じた。Sharoneは、非認知的な特徴に基づくとされる選抜のあり方が、個人にもたらしうる「劣等」意識とその破壊的な影響を示した。

本書も本田やSharoneと同様に、選抜をめぐる相互行為やそれについての応募者の認識や反応の仕方を経験的に記述することを通じ、従来型メリトクラシーの枠組みでは描かれない実態を明らかにしようとするアプローチをとる。

一方、本田やSharoneの議論には次のような限界がある。

これらの研究では、応募者は「被選抜者」として、つまり当該社会で主流の特定の選抜のあり方に受動的に適応する者として描かれてきた。一方で、応募者側の選択は、分析の外におかれている。竹内が日本の事例について描いたのは、一元的な序列と選抜の仕方という前提のもと、人々が競争に向けて努力させられる様子であった。本田（2005）でも、「ポスト近代型能力」に基づく選抜が社会に広まっている中で、人々が選抜から撤退するという選択肢にわずかに触れるが、基本的に多くの人々はそれをとりえないため、選抜の仕方を変えるべきだという結論に至っている。Sharoneでも、応募者の主体性はせいぜい選抜のあり方に適応しようとするというものとしてしか描かれない。アメリカのホワイト・カラー求職者は、就職ゲームのもたらす負の作用の被害者として一面的に描かれている。

ここでもやはり、一方向的選抜図式がとられている。確かに当事者がこのような認識枠組みをとっている中であれば、当事者の選抜への反応を描く上で不都合は生じないだろう。しかし、当事者が異なる認識枠組みをとるような場合、彼らの反応を描く上では、分析者の側も、これに対応して認識枠組みを広げる必要がある。

特にこの枠組みでは、非認知的特徴に基づく選抜で排除された者を劣等とみなす解釈から、応募者自らが距離をとる仕方が説明できなくなる。社会科学者が個人的にはこの解釈を支持しないにしても、その理論で描かれる応募者は、劣等意識を抱いたり、またはそれを抱く状況に陥る懸念からくる不安に悩まされたり、それをどうにか回避しようとする、というものに限定される。そして、それらが生じる状況を望ましくないものとみなす場合、なされる提言は、選抜の仕方を抜本的に変えるように（例：客観的な教育・技能資格を基に選抜を行え）、というものになる。しかしこのような提言は、選抜を行う側の合理性（それでよい人材を集められるのであれば何が悪い）にとって外在的なものとなってしまい、必ずしも現実的なものとならない。実際、本田（2005）やSharone（2014）の提言はこのような課題に直面してしまう。

本書は、少なくとも日本の大卒就職の事例における応募者の反応のあり方を正確にとらえる上では、「被選抜者」としての側面だけでなく、批判や選択を行う側面をみる必要があることを主張するものである。それは、（本田も描こうとした）竹内以後の日本のメリトクラシーのあり方を考える上でも(13)、また（Sharoneらが取り組んだ）現代の「劣等」感情の社会的要因を考える上でも、重要なカギとなるというのが、本書の見立てである。

むすび

本章では、日本の大卒採用・就職活動やメリトクラシーに関する先行研究を紹介しつつ、本書の位置付けと意義を論じた。まとめると、日本の大卒採用・就職活動についての先行研究は、企業による学生の選抜に関心を集中させてきており、学生側の、企業による選抜に対する批判や企業の選択が看過されている。これはメリトクラシー論における、受動的な被選抜者像という課題とも重なる。そしてこれらは、当事者の困難の理解や現在のあり方についての批判的考察の妨げになる。こうした中で本書は、これまで十分に明らかにされてこなかった、学生側による企業の選抜への批判や企業選択を明らかにしようとする。

このために、本書は、就職活動を経験した50名の学生へのインタビュー調査の分析結果を用いる。インタビューは他者の合理性を理解したり、出来事の詳細なプロセスを知るのに有用な調査法である（岸 2018; Plummer 1983=1991）。これは本書が目的とする、学生側の批判の記述や、企業選択のプロセスやそれが学生にとって持つ意味の理解に役立つものである。

もちろん語られた内容には、後付けの解釈も入り混じるだろう。しかしある企業で働くことへの「納得」、あるいは働かない（志望しない）ことへの納得は、そうした主観的解釈を含むものである。そのような納得の内実の解明は、企業による選抜の解明と並んで、マッチング研究の重要な課題だ。

また、インタビュー調査の弱点としては、量的な傾向や知見が妥当する範囲が曖昧であることが挙げられる。本書ではそれを踏まえ、従来見逃されてきたものを記述し、既存の理論の枠組みの狭さを可視化し、現実をより多面的に描くことができるように再定式化することを目指した。

この目的に対応し、本書では「平均的」な像というよりも、ある程度「特殊」で「極端」とも考えられる事例の紹介も行う。これらの事例はもちろん、就職活動のあり方全体を代表するわけではない。しかしその「極端さ」は、従来の理論に欠けていた部分を明確化してとらえることに役立つ。そこから得られるパターンは、従来の理論との組み合わせにより、他の学生、あるいは就職活動全体を、理解していく助けとなる、というのが本書の立場である。

最後に本書の各章と、先行研究との関係を示しておきたい。

第2章では学生の企業選択の仕方を、特に企業との相互行為を通じた志望変化に注目して描き出す。それはジョブ・マッチングに影響するもう1つの要素としての応募者側の選択の実態を提示するものであり、本書が築こうとする認識の基礎部分にあたる。またこの章で、企業の選抜方法・基準に対する批判が、企業選択に結びついていることが示される。

では学生は、企業の選抜方法・基準をどのようにとらえ、批判しているのか？　これを明らかにするのが第3章である。この章は日本の就職活動研究に欠けてきた、学生側の批判の内容についての知見を提供しようとする。またそれは個人の非認知的特徴への評価が、必ずしもメリトクラシーの理念により合致したものとして受け入れられているわけではないことを示すものでもある。

第4章と第5章は、従来のメリトクラシー論で描かれてきたものとは異なる人間像を提示するものである。

第4章では、主流の選抜の正当性に疑問を抱き、意欲を減じた学生が、葛藤を抱えつつも、一般的な就職活動からの離脱という選択をとるに至る過程を描く。これは、目の前の選抜の通過をただ目指すのとは異なる、被選抜者側の反応を、選抜の相互行為のパターンについての認識から説明したものである。また、個人の非認知的特徴を評価する選抜が「自己否定」をもたらすという単純な理解に疑義をつきつけ、個人の抵抗の可能性を示すものでもある。ジョブ・マッチング研究に対しては、一見学生側からの選択が困難な、不採用が続くという状況においても、なされうる選択のあり方を示すもので、第2章や第3章で説明した選抜方法・基準への批判に基づく選択が起こりうる範囲の広さを示す。

第5章では、面接での偽りの自己呈示をあえて行わないという学生の語りから、その戦略性を説明する。それは日本の大卒就職研究でいくども強調されてきた、偽りの自己呈示を行い選考を通過しようとする学生と、企業との間の騙し合い、という図式や、日本のメリトクラシーにおいて典型的とされた、目の前の選抜を乗り越えるために自己を操作化する「受験型人間像」を、相対化するものである。

終章ではこれらの結果をまとめるとともに、大卒採用・就職が、企業・学生の双方にとってよりよいものとなるための方向性について議論する。

注

（1）もちろん、企業と学生との間の公式の接触が主に始まる大学3年次以前でも、個人は自身のキャリアや就職先候補の情報を集めることはある程度できるだろう。ただし実情としては、それがあまりなされていない傾向が明らかにされてきた（都筑 2007）。

（2）ただし、新卒時の就職活動を重要なものととらえていなかったり、そうとらえつつも活動を活発に行わなかったりする学生がみられる点には注意する必要がある。本書では主に新卒時の就職活動を重要ととらえ、コミットメントの程度が高い学生について扱っているが、調査対象者のなかには、そうではない学生も見られた。そうしたあり方は先行研究（小杉 2003; 小杉・堀有喜衣 2013）でも描かれており、またその理由については、竹内（1995: 255）が日本型メリトクラシーの「ゆらぎ」の要因として挙げた、物的に充足している現代では選抜での失敗が困窮をもたらすとは限らず、また目標達成が持つ魅力も薄れていること、あるいは構造的要因による選択肢の限定（太田 2005）、当人の自己効力感の低さ（浦上 1996; 安達 2001a）により説明されている。

（3）例外としては、２００９年から２０１３年の間の「就活デモ」や「就活シンポジウム」の開催、意見書の提出が挙げられる。それは採用・就職活動に対する疑問の存在を顕在化させたものとして評価できる（樫村 2019）が、主催者以外への参加者の広がり、そして活動の持続性という点には困難も見られた。

（4）例えば、採用・就職活動の時期の取り決めは、基本的に大学側と企業側の代表（年度によっては関連省庁）の間でなされてきたが、学生側の代表は含まれていない。そこには学生側の意見の集約・整理の困難、学生が当事者たる期間の短さ、等の要因も考えられる。

（5）これらはクレイム申し立て以前の「曖昧な生きづらさ」への注目（草柳 2004）、個人的なものに留まっていた批判を他者につなぐこと（貴戸 2007）の意義とも重なる。

（6）安部 1997; 天野 1984; Chiavacci 2005; 濱中 2007, 2010; 岩内ほか 1995; 苅谷ほか 1992; 苅谷編 1995; 松尾 1999; 隅谷 1969

（7）濱中 2007; 堀健志ほか 2007; 今城 2016; 岩内ほか 1995; 岩内ほか編 1998; 苅谷編 1995; 永野 2002, 2004; 根本ほか 2005; リクルートワークス研究所 2005; 労働政策研究・研修機構 2006; 佐藤一磨・梅崎 2019; 妹尾 2015;

東原 2021; 梅崎 2004; 梅崎・田澤 2013; 吉岡 2019

（8） 土居 2016; 岩崎・西久保 2012; 岩脇 2006a, 2006b, 2007, 2009; 小杉 2007; 小山 2009, 2010; 宮道ほか 2013; 麦山・西澤 2017; 根本 2004; 日本労働研究機構 1993; 岡部 2010; 上西 2012; 山本・長光 2019

（9） 就業の動機や重視する点については安達（1998, 2004）、未決定については安達（2001b）、下山（1986）、若松（2012）、大学入試難易度の影響については丸山（1981）、ジェンダーの影響については深尾（1979）、林ほか（2010）、李尚波（2006）、牛尾（2004）、谷田川（2016）、地元志向については平尾・重松（2006）、木村・冨永（2018）、李永俊・山口（2018, 2019）、杉山（2012）を参照。

（10） 大学の就職支援課による企業の選抜機能に着目した大島（2012）は、従来の研究の企業による選抜への偏りを指摘した上で、自身の視角を一般化し、学生側の選択にも注目する必要があると論じている。

（11） 欧米の採用に関する心理学研究では、求職者の選択や、選考方法の正当性に関する認識について、一組織の採用過程での選考辞退の要因の分析や、模擬選抜での実験がなされている（Harold *et al.* 2013; Hausknecht 2013）。一方、応募者個人が多くの企業に同時に応募する中での選択に関する分析や、個別質問から読み取られるような詳細な採用基準の読み取りや反応の分析は十分になされていない。本書は、一般的な心理的メカニズムを踏まえつつも、日本の大卒労働市場の個別の文脈が、そこで生じる選択や葛藤にどのように影響しているかを描こうとする。

（12） このような人間像は、就職活動研究でこれまで提示されてきた学生像とも重なる。上述のように学生は被選抜者の位置に固定されてきた。学生はまったく主体性を欠いたものとして描かれてきたわけではないが、強調されてきたのは、内定を獲得するために、嘘をつくなど自身の印象を操作して立ち回ろうとするあり方である（福井 2008; 竹内 1988）。

（13） 社会の多くの領域における選抜を包括的に議論した竹内（1995）や本田（2005）において、選抜ごとの違いを描き切れなかったことは当然ともいえる。しかし大きな見取り図を上記の研究が示してくれた後で行うべきは、選抜ごとの違いを記述することで、より精緻な議論を展開することであろう。その結果は、日本社会のメリトクラシー全体を代表するわけではないが、その重要な一部をなすと考えられる。

第2章

「行きたい企業」が決まるまで
——就職活動プロセスを通じた学生の志望形成・変化

はじめに

本章では、学生が就職活動プロセスを通じ、どのように企業を選択しているかを説明する。確かに賃金や企業規模といった経済的条件、あるいは事前のキャリア意識も重要である[1]。しかしそれらによる説明では、あくまで企業選択の第1ステップしかとらえられず、その後の活動を通じた条件や業種の希望内容や優先度の変化や、同条件・同業種の中での選択は説明できない。またこれを説明しないことは、学生側が活動プロセスにおいて持つ主体性の捨象という課題[2]とも結びついている。そこで本章では、企業側との相互行為を通じた学生の志望形成・変化を描き出す。

学生は必ずしも企業と接触する以前から十分な情報を持ち、それをもとに企業の志望を決定しているわけではない。情報が制限されている中で事前に志望を固めていない学生は、とりあえず出会った企業[3]について、相互行為[4]を通じてその善し悪しを吟味しつつ志望を形成・変化させていく、というのが本章が描く企業選択のあり方である。本章ではまずそれがどのようになされているかを描く。

さらに本章ではなぜ相互行為を通じ得た情報に基づく選択に学生が納得しているか、を示そうとする。これを通じて、たまたま出会う企業のごく一部の側面にしか基づかない点で一見非合理的なようにも映るこの選択の仕方が、必ずしもそうとはとらえられていない理由を示す。

本章では、第1節で、企業側との相互行為を通じた志望形成・変化の典型例をみることで、事前の志望だけでなく、企業側との相互行為が重要であるとはどのようなことかを示す。続く第2節、第3節ではそれぞれ、主要なパターンとして、社員の様子の観察を通じた志望の変化、および選考の仕方を通じた志望の変化を描き出し、これらの一見非合理的な方法が、なぜ彼らにとって合理的なのか、を学生の語りから探る。最後に結果をまとめ、企業と学生が相互行為を通じ、互いにマッチングの是非を吟味する過程として、大卒就職活動を定式化し直す。

1 相互行為を通じた志望変化の事例

調査対象の学生が就職先を決める仕方は主に3つのパターンに分けられた。第1に、就職活動前から明確な志望があり、そのまま選考を通過し内定を得る場合があった。第2に、就職活動前は明確な志望がなく、活動を通じてもこれが形成されなかったが、家族・知人・大学就職部の紹介など社会的ネットワークを通じ就職する場合があった。第3に、就職活動前は明確な志望がなかったが、企業側との相互行為を通じ志望を形成・変化させ、就職先を決める場合があった(5)。第1、第2のパターンは、キャリア教育論や社会ネットワーク論など既存の枠組みで説明できるものである。一方で、第3のパターンの説明には、相互行為への注目を要する。ではこれは具体的にどのようなあり方なのか。以下では典型例として、2名の事例を紹介する。なお、以下で引用する語りの会話主の対象者名はすべて仮名で、「――」は筆者（インタビュアー）を示す。

〈事例1〉

ノブ（首都圏、大学入試難易度上位、男性）は、就職活動開始時には様々な業界についてある程度のイメージや志望は持っていたものの、強く志望する業種や企業はなかった。ノブが当初は役立つ情報源とみなしていなかったものの、その後重視するようになったのが、企業の社員の様子や選考の仕方であった。以下では、ノブが当初はどのような情報を重視し応募企業を選び、その後いかに応募企業の志望度が変化したかを描く。

ノブはまずインターンや合同説明会を通じ様々な業種について知ることから始めようとした。ノブは合同説明会に参加し、まずはあまり興味がなかった業種（商社、証券など）の企業のブースをまわったという。

ノブ　合同説明会は恐らく、そこを受けない根拠が欲しかったんですよ。行きたくないところばかり聞いてたんですよ。知らないのに行きたくないって言いたくなかったので。なんとなくあそこに行きたくないなって思いつつそこに行って質問しまくって、「あ、やっぱり行きたくないわ」っていう根拠をつける、みたいなことをしていたので。無駄な時間だったのかもしれないですけど

ノブは一方で、元々志望していない業種・企業に質問をしてまわる営みは「無駄な時間だったかもしれない」ととらえている。それは、就職したい企業の発見につながるものではなかったからだと考えられる。他方でノブはこの行為は、「受けない根拠」を手に入れるものだったと解釈している。ここで

は、納得した上で企業を選択したいという意思が表現されている。確かに就職活動開始時点で学生は既に、業種についてのイメージや志望程度の差を有しているかもしれない。しかしノブはそれを「仮の」ものとしたうえで、さらに情報を得ることで、より納得度の高い形で企業を選択しようとしていた。

就職活動初期の「仮の」志望業種の中から、応募企業選択の情報源としてノブが重視していたのは、企業のＩＲ（投資家関連）情報、および転職者向けの企業の口コミウェブサイトの情報であった。

ノブ 分析は全部しましたね。つまりＩＲで出して、いわゆる企業分析、利益率はいくらなのかとか、忘れちゃったな、あれだけ勉強したんだけどな。ＲＯＡとか、自己資本比率はいくらか、とか要は健全性。この会社大丈夫かな、っていうところは見て、数字の面は。あとは◯◯ってサイト（転職者向け口コミウェブサイト）で、社員が自分の会社についていいところ、悪いところ、とか書いている巨大なサイトがあるんですけど。そこをひたすら見る

ここでノブは、ＩＲ資料から企業の経営状況について、そして転職者向け口コミサイトから社員による企業の評判を探ったことを語っている。一方で、ノブは合同説明会や個別企業説明会でなされる、企業による自社の説明から得られる情報には価値をおいていなかった。

ノブ 本当に業務内容を知りたかったら、その企業が何をやっているのかはまずＩＲ資料を見なさいって話だし、その方が絶対正しいこと書いてあるし。業績とかも。そうすると説明会で聞く内容（を聞く意味が）、よく分からなかった、ネットで大体分かるし、みたいな。それはだって（説明会で企業は）言いたいことしか言わないし

ここでは、企業の業務内容や業績についての情報は、投資家向け資料などを自身で調べることで入手可能であり、さらにその方が説明会で企業が提示する情報よりも正確で偏りのないものだと認識されている。つまり企業が自社の良い部分のみを見せようとすることが、ここでは警戒されている。

また、ノブはＯＢ訪問（直接の知り合いではない、大学のＯＢ名簿などを通じ知った社員に連絡をとり面談すること）はしていなかった。

ノブ　ＯＢ訪問も１回もしてないです

――　人で判断、社員さんを知る、みたいなのってあるじゃないですか。社員さんの雰囲気とか。そういうのはそんなに重視してなかった？

ノブ　その存在をあまり自覚、信じていなかった。その会社っぽさみたいなのが、５千人の社員全員にあるっていう風に思えなかった

ここでノブは、同一企業内の社員にそれほど共通性があるとは思えず、したがって個別説明会やＯＢ訪問で出会う何人かの社員の様子から、企業全体の特徴を把握することはできないという考えを示している。もっとも、これはＯＢ訪問をしなかった理由についての説明であり、実はその後の語りでノブは、選考中の面接官の様子や、人事の対応などにより志望度が変化していることを語っている。これについては後述する。

まとめると、ノブは就職活動前は、特定の業種や企業への就職意欲を強く抱いておらず、合同説明会などを通じ、志望する業種をある程度幅のある形で定め、知名度の高い企業のＩＲ資料や転職者向け口コミ情報などをもとに企業の安定性や給与などを考慮し応募企業を決めていったという。ただしこの時点では、業種や特定企業について強い志望を抱くことはなく、応募する企業の候補を考えてい

ただけだったという。

確かに業種、知名度、安定性、給与などはノブが選考に応募する企業を決定する上での基準としては有効であった。しかし様々な応募企業の中での志望度の差は、選考前というよりも選考の中で形成されていったとノブは語る。ノブはインタビュー冒頭で自身の企業選択の基準についてまとめて語っており、社員の様子、選考方法・基準によって志望度が変化していたと語っている。

ノブ（企業選択の基準として）よく誰もが言うんですけど、まあ人ですよね。人で、まあこれは選考を通じていく中で知るものなんだと思うんですけど、結局楽しい面接ってやっぱ頭脳職の人間なんですよ。A社（コンサル）とかの面接は非常に楽しいんですよ。非常に知的だし、こっちの話していることをしっかりと理解してくれるし。非常に楽しいし、面接できただけでもすごい有意義だと感じられた面接があって。…（中略）…一方でメーカー系は、すごい不愉快というか。話を聞かない、というか分からないことをこの人達は理解する気がないんだな、っていうのをすごい実感した感じでした。でまあ人って観点から、クリエイティブな仕事に就いている人達の方が面白い、尊敬できるって風に

ノブはここで、選考を担当する面接官の様子が、自身の志望度に影響したことを語っている。ノブは社員に共通する特徴があるとは思えないとして、OB訪問をせず個別説明会にもあまり参加していなかったが、それでも選考で出会った社員の様子は彼の志望度に影響を与えていたというのは興味深い。ノブは主にコンサル、情報処理、不動産の企業の社員は面接で、自身の話を理解し、知的で、会話が「楽しく」、また「尊敬できる」ように感じられたという。逆に社員が自身の話に関心を抱かないような場合は、企業への志望度も下がったとしている。

さらに、選抜方法が合理的かどうかもノブにとっては重要な基準だったという。

ノブ あと最後の方では一番大きかったのが、選考方法ですよね。選考方法はもしかしたら一番重要かもしれなくて、まあ合理的な選考方法かどうかっていうのは非常に大事だった。例えば意味不明な例で顕著な例は銀行ですね。僕は銀行受けてないんですけど。別に銀行は内容的にはコンサルに近いと思っていたし、頭の良い人が多いと思っていて、すごく楽しい人が多いと思っていたけれども、選考方法でアウトだったんですよ。つまり3月の段階からリクルート面接13回しました、みたいな。そこまでのコストを費やせないし、費やす意味が分からないし、リスクありすぎだし。つまり13回リクルーター面接をしても1次で落ちましたって人も友達にいて、そんなリスクはとれないし。でまあ銀行は意味不明な選考で、合理的じゃない、まあおそらくほかに行かれないようにたくさんリクルート面接をやってるんだろうけれども。まあ僕の中では合理的ではない。

一方で、例えば僕は結局内定したB社の選考方法を非常に気に入ってるんですが、そこは1次選考テストするんですけど、徹底的に論理のテストをするんですよ、推論とか、あと天秤問題ってあるんですよ、分かります？　ボールが5個あって1つだけ重さが違います。で天秤を何回使ったら分かりますか？　みたいな。そういう論理思考のテストをされて。実はそのテストはD社でもひたすらやらされていて、なぜやるかといえば、SE（システムエンジニア）にはそういう能力が必要だからです。SEには場合分けの能力が非常に大事で、こうした場合こうで、こうだったらこうで、っていう頭の使い方がたぶん非常に大事で、だからそれを選考方法に入れます、って。非常に分かりやすい。当たり前のことを当たり前にできる企業っていうのは、まあ魅力的だ

し、ストレスも少ないだろうなって思ったから、選考方法は大事でした

ここでは企業の選考方法が合理的かどうかが、自身の応募行動や、志望度の変化につながっていたことが語られている。ノブは、選考方法が非合理的に感じられた都市銀行と、合理的に感じられた内定先のB社（情報処理）の選考方法を対比的に語っている。

ノブは、都市銀行について、仕事内容には不満がなく、また社員の様子についても良い印象を持っていたという。しかし選考方法が非合理的に感じられ、志望度が下がったという。ノブは都市銀行の選考方法が非合理的に感じられた理由として、面接の回数の多さを挙げている。それは学生が他の企業の選考をより受けにくくさせ、自社へのコミットメントを高めさせるためのものとしてとらえられている。ノブはそれが双方にもたらすコストと、それが無駄になるリスクの大きさを総合的に考えると、それは合理的ではないととらえている。ノブは「銀行とかって1人に13回とかリクルーター面接してて、いや人件費いくらかけてるんですかって、それ本当に必要ですかっていう」と、企業側のコストが大きすぎるのではないかと疑問を呈している。また学生側（自身）にとってもコストとリスクが大きすぎるとしており、学生側の状況を理解しているはずであるにもかかわらず、そのような「非合理的な」行為をとる銀行については、志望度が下がったとノブは語っている。

これに対しノブは、内定先企業B社の選考は合理的なものととらえている。それは論理的思考力（特に場合分けを用いる思考能力）をはかるものであり、それがSEとしての業務に必要な能力であるという企業の説明にノブは納得している。このような例を示した上でノブは、合理的な選抜を行う企業は、「当たり前のことを当たり前にできる」わけであり、魅力的でかつ、その中で働くにあたっても非合理的な業務遂行の仕方や内部運営などに伴うストレスが少ないだろうという認識を示している。つ

まりここで選抜方法は、その企業の業務や内部運営が合理的に行われているかどうかを表すシグナルとみなされている。

回数やテストのような選考の形式だけでなく、面接での質問の内容や、そこから推測できる採用基準にも、企業による多様性が見られたとノブは語っている。

ノブ　まあでも本当に業界によって聞くこと全然違ったりして、面白いですね

――違いました？　何か

ノブ　例えばC社（精密機器メーカー）はすごい黙ってて、C社は勉強しか聞かないんですよ。E社は、弊社は勉強してきた人を評価します、とかいって、だからESも何を学びましたか、なんですよ。だからひたすらしゃべればよくて。でOKだし。D社（精密機器メーカー）も結構良くて、まあたまたまかもしれないんですけど、4次選考で結構勉強のこと聞いてくれて。でなんか結構ちゃんと話を聞いてくれ、議論ができたんですよ。良くて、でD社で面白いのは「あなたにとって他者の存在理由は何ですか」って聞かれて、「うわ面白い」って思って。こんな問いをD社がしてくるとは思わなかった。E社（情報処理）とかF社（電機メーカー）は完全なマニュアルがあって、まあー次だからかもしれないんですけど、マニュアル通りに聞いてる感じ。だからこっちが想定外のことを答えると、聞く気をなくす、みたいな。…（中略）…このへん（企業リストのE社やF社を指差す）は勉強の話嫌いな人達、学生はアルバイトしてろよっていう人達

ここでの語りは、業種の内容というよりも親や先輩などが勤めていたという理由で応募した、精密機器メーカーや電機メーカーの企業の選考についてのものである。ノブは、このうち精密機器メーカーC社やD社については、学生の学業について強い関心を示し、さらにD社は「他者の存在理由」のよ

うな「面白い」質問をしてきた点を、高く評価している。一方で、学業や、ノブの自己PR内容に対してもあまり関心を示さなかった情報処理業のE社や電機メーカーF社については、否定的に語っていた。

総じてノブは、学生の論理的思考力を試す非定形的な質問や、学業に関する質問をする面接官・企業を高く評価していた。ではなぜ論理的思考力を測ることはノブにとって合理的なのだろうか。

――そういう質問をちゃんとする会社っていうのはどういう会社だから良い？

ノブ　僕の中での労働の本質だと思うから。要は能力がありますか、っていう質問なので。本当にうちに来ますかっていう質問ではなくて。うちと他社との違いは？　っていう話はどれだけ行きたいかを問う質問ですよね。どれだけ調べていますかっていう質問だし。そうではなくて、能力に焦点を当てるような質問をしてくれるから、非常に僕の中では合理的。まあどれだけ行きたいかを問うのも、もしかしたら内定辞退を防ぐとか、そういう意味で合理的なのかもしれないけれども、それは労働の本質じゃないでしょって思うので、こっちの方が合理的なのではないかと考えました。だから落ちてもすごい納得できるんですよね。あ、力不足だったんだな、って思えるんですよね

ノブはここで、(職務) 能力が労働の本質であり、それをもとに選抜するのは合理的だと答えている。これはメリトクラシーの理念に沿うものである。他方でノブは、学生の自社への志望度や自社についての知識をもとに選抜することは非合理的だとする。ノブはそうした選抜にも、内定辞退を防ぐなど一定の合理性はあるのかもしれないが、それは学生の能力をはかるのに比べると、合理的ではないととらえている。またここでは、合理的ととらえられる能力をはかる選抜の場合、不採用となってもそ

のことについて納得ができる、とされている。

以上の語りを見る限り、ノブは主に、学生の能力、中でも応募企業の業務に関わる（そして自身も適性を感じられる）思考力や学業に対し評価を行う企業を好んでいたと考えられる。ただしノブは、多くの企業の選考を受けたものの、このような選抜を行う企業はそれほど多くなかったと語った。ノブは、多くの企業が本選考では、能力よりも、自社への志望度やコミットメントの強さをはかる質問をした、と以下のように語る。

ノブ　（就職活動について思うこととして）やっぱり能力と志向ってあるとしたら志向に寄りすぎてる、面接が。つまり面接で聞く問いが、あなたに能力がありますか、という問いではなくて、まあ要は志望動機に寄り過ぎている。なぜうちなんですか。本当に来ますか。あなたが志望動機を言うと、要は志望動機で激詰め（問い詰め）してくるんですよ。私はこれが好きです、に関して、本当に好きなんですか、で責めまくられる、みたいな。それはもう僕の中ではかなり意味不明。別に、というかそもそも好きかどうかどうでもいいじゃん、って話だったので、使えるか使えないかでしょ、って思っていたから。志望動機で激詰めされても困った

ここでは、多くの企業が面接で学生の能力よりも、企業選択の志向を問う質問を多くしており、それに疑問を感じたことが語られている。ノブは、志向を問う選抜に対する違和感を表現しているが、福井（2016）は、そうした選抜の、企業にとっての合理性について解説している。福井によれば、こうした選抜は、就業後の、労働者の利害や動機付けを、企業の利害といかに一致させるかという、人事管理上の課題の延長上にあるものだという。面接で仕事を通じた自己実現についてうまく語ることができることは、就業後も自身の動機づけを調整できることのシグナルとしてもとらえうる。しかしこう

した選抜は、ノブにとっては合理的なものととらえられていなかった。この理由として第1に、ノブは仕事や企業が好きかどうかよりも認知的能力の方が生産性を上げる上で重要であることを挙げた。第2に、ノブは、応募者・労働者側の仕事や就職への意欲が、仕事を通じた自己実現に限定されるというのは非現実的であるととらえていた。

ノブ　労働するって最も基本的なのってまあ給与と労働時間と勤務地だと思ってたんですけど、その3つが全部タブー視されてるのがすごい面白かったなと。絶対に口に出してはいけないんですよ、それは。絶対に自己実現で通さないといけないこの変な、なんだろうな、まあ劇なんですよ。現実を直視してはいけなくて、それは全部タブー視されていて、夢の国で生きていかなければならない、みたいな。面接では夢を語らなければいけないし。すごい違和感がありました

ここでノブは、一般的に、労働において給与、労働時間、勤務地は応募者にとって重要であるが、志望動機でそれについて語ることはタブーとされ、常に自己実現に即した語りが求められることについて、非現実的であり「夢の国で生きなければならない」ようだと批判している。ここでは、自身だけでなく一般的にも、自己実現と就職意欲は必ずしも対応していないはずだという考えが示されている。また「劇」という表現からは、企業が学生の真の特徴というよりも、表層の演技について評価している場として面接がとらえられており、それが選抜への違和感と結びついていたことがうかがえる。

もっともそうした選抜への違和感があっても、企業がそうした選抜を行うならば、それに適応しようとするという反応もあり得ると考えられる。しかしノブにこの可能性を問うと、それは否定された。

―― 志望動機、本当にうちに来たいの、とかよく調べてるか、とかそういうのを聞くっていうの

が分かってきて、じゃあそっちで勝負しようっていう風にはなりました?

ノブ　ならないですね。そういう企業に行きたくないいんですよね、要は、特にG社（情報処理）とかはそうなんですけど、びくびくして見えるんですよ。ダサいんですよ、めちゃめちゃ。本当にうちに来ますかっていうことを聞いてしまう企業って。超ダサいんですよ。G社とかっていうのは業界1位なわけでもっと堂々としてればいいのに、本当にうちに来ますか、って何回も聞くからダサいなこいつら、って本当に思ってしまって。そういうことを聞かれるとすごい、男らしくないんですよね。って思っちゃうからそもそも行く気がなくなってしまう。それでその勝負をしようと思えないっていう感じ

――そもそもこちらのモチベーション的な部分で、そういう企業に（行く）っていうのが嫌だと

ノブ　でもそういう企業ばっかりだったりして（笑）

――確かにそういう企業ばっかりだとそれは困りますね

ノブ　俺は不適合者なのかっていう（笑）、この社会に適応できないのか

ここでノブは、多くの企業が学生の志望度を評価基準として重視していることを認識しても、それに対応し自己呈示を変化させようというよりも、そもそものような企業に就職したくないと感じたことを語っている。

他方で末尾では、志望度を問う企業が多く、そうした中で自身が「社会不適合者」だと感じることもあったことが語られている。ただしノブはこれについて「まあでもそんな重いものじゃなかったですよ、本当に」とそれが強い精神的負担を伴うものではなかったとしている。これは、ノブが、「社会」の側の選抜方法が正しく、それに適応できない自身が悪いと責めるというよりも、企業側の選抜

方法を非合理的なものとして相対化していたからと考えられる。またノブが同時に応募していた企業のうち少ないながら一部が、能力を評価基準として重視しているように感じられ、ノブにとって内定獲得のための別の選択肢があったことも、これに影響していると考えられる。

そうした中で内定先のB社は、職務能力と関連すると考えられるプレゼンや論理的思考力をはかる筆記試験で選考を行っており、志望度が上がったという。

さらにノブは、B社の人事担当者にも魅力を感じたという。B社が自身に内定を通知した際、ノブは、ほかの2社（1社は学業を評価する選考を行ったC社、もう1社は選考での社員の様子に魅力を感じた企業）で選考途中の段階であり、考慮する時間を与えてほしいと回答した。その際、人事担当者は返答の期限はノブが決めてよいと返答し、その姿勢にノブは感銘を受けたと語る。その後他社の選考が遅れ、ノブの設定した返答期限の時点では他社は結果待ちの状況であったが、ノブはB社の内定を受諾することに決めて、就職活動を終えたという。最後に、就職活動全体を通じた自身の変化について、ノブは以下のように語る。

ノブ アピールの仕方とかは分かったのと、まああとは自分の好みが結構よく分かった。こういう人間が好きでこういう人間が嫌いなんだな、って。それは社員に対してもそうだし、そこに集まる就活生に関しても、色んな人に出会って。要はその業界とかその企業に集まる就活生というものが結構属性があって。要はベンチャー系に集まる学生と、C社に集まる学生は全然タイプが違うわけで、そのへん、そういう人達を感じながら、どういう人間が好きでどういう人間が嫌いなのか、っていうのは結構考えるきっかけになったって感じです

ここでは就職活動を通じて、自身の特長をアピールする方法に習熟したことと、自身の好みが明確化

されたことを挙げている。前者は主に企業からの選抜に対応するもので、後者は自身による企業の選択に対応するものである。ノブは多くの業種・企業の社員や応募する学生との相互行為の中で、その多様性を感じ、それぞれに対する自身の好みを意識させられたとまとめている。

ノブの語りは、選考などでの企業側との相互行為が、ノブに特定の形での企業選択をさせたことを示すものだ。ノブは元々、社員共通の特徴の存在を疑い、OB訪問などに価値を置かず、IR情報などをもとに合理的な選択を行おうとしていたという。しかし、就職を目指すには、企業との相互行為に臨まざるを得ない。それに参与する中で、社員の様子や選考での質問により志望度が変化し、企業選択を行ったことをノブは語っている。

もちろん、ノブの個別の特徴や文脈は考慮する必要があるだろう。第1に、ノブは就職活動前の時点では、特定の業種や企業に対する強い就職意欲を抱いていなかった。第2に、ノブは首都圏の入試難易度上位の大学に通う学生で、応募可能と考える企業の幅が広く、これが企業を選択する意識を高めた可能性もある。第3に、ノブが応募した企業の間には、ノブにとって選考方法・基準に分かりやすい違いが見られ、それが選考を通じた企業選択につながったと考えられる。

しかしノブのような企業選択のあり方は、地域や入試難易度が異なる大学の学生にも見られた。また事前に明確な志望を抱いていた企業があったにもかかわらず、企業側との相互行為を通じそれが変化し、元々志望していた企業の選考を通過したにもかかわらず別の企業を選択する学生も見られた。そこで次に、このような選択をした別の学生の例をみる。

〈事例2〉

マイコ（北関東、大学入試難易度中位、修士卒、女性）は、理学系の大学院の出身だが、「食品企業の技術職に興味がありまして。なのでそういう関連の仕事に就きたいな、っていうので大学院に進学した」と、就職活動を始める修士1年の段階では食品製造の技術職を目指していたと語る。

マイコは修士1年の夏のインターンに応募することから就職活動を始めた。選考の練習をすることが目的で、インターン先については、「どうせ技術職は受けるだろう、ということであえてビジネスとか、ちょっと興味が違う」多様な職種や業種に応募したという。これらの企業についての情報もあまり持っていなかったという。マイコは、化学メーカーH社の総合職のインターン選考について次のように語る。

マイコ　ただ選考を受けてすごい感じたのは、その企業は本当にその人自身のことを知ろうとしている感じがあって。最初から1対1で1時間弱の面接とかで、それが3回ぐらいですかね、最終も含めて。でその間にジョブインターンみたいなのもあったので。これだけ自分のことを見てくれて、ジョブも体験をするんだから、ミスマッチは絶対ないだろう、ってことで、決まったら安心して行けるのかなっていう面もありましたね。質問の仕方とかもすごい、表面的じゃなくて、本当に自分の核心突くとこまで「なぜ」「なぜ」で聞いてくれて。「あ、そう、それが私は言いたかったんだ」っていうところまでちゃんと掘りだしてくれたのでいいなって。選考を通じても好きになった所はありました

H社の選考は、書類選考の後、1時間弱の長い時間の面接を3回も行うというもので、さらに質問もマイコにとって「自分の核心を突く」ものであり、それを通じてマイコは面接官が自身のことをよく知ってくれたように感じていた。マイコはこうした選考を通じてH社への志望度が上がったという。また選考の途中で業務体験も行うことで、仕事内容についても知ることができたと感じていた。マイ

コは、こうした相互行為を通じて、H社と自身は互いに相手について理解できており、仮に就職したとしてもミスマッチが起こる可能性は低いと考えたという。

マイコの業務体験についての語りをさらに見ておこう。

マイコ　商談のロールプレイングをしたりとかするんですけど、そのために実際に社員さんと同行してお店に行って商談の中見たりとか、お店の様子を見たりとかして、自分で妄想して、シチュエーションとかを。それとは別に、会社の資料とか色々渡してもらったデータも見て、じゃあどういう点をどういう風にしよう、って全部自分で考えて。で面接官の人にロールプレイングしてっていう感じですね。そこで向こうも、この人の強みはどういうところで、どういう点で自分を出していくんだろうかっていうのを知りたかったんだと思うんですけど。人によってスタイル様々だと思うので

業務体験は実際の仕事の様子の見学や、そのロール・プレイを含むもので、マイコに具体的な仕事内容のイメージを抱かせたと考えられる。またそれは選考の一環として実施されており、マイコはそれを通じて自身の特徴をH社が判断したともとらえている。

マイコはこのようにインターンの選考を通じH社への志望度が高まったが、最終的にインターンに参加することはできなかったという。ただし本選考での初期段階の選考（書類審査、筆記試験、1次面接など）の免除の権利を得て、その後本選考（最終面接のみ）に応募することとなる。

H社は本選考も早期に行われる企業であり、マイコは技術職の企業について調べる前に、本選考を受け、結果として内定を得た。マイコは初期選考が免除となった点でインターンが有利に働いたと考えており、「あえて興味薄いところをやったけど、こんなに採用に直結するんだったらそれこそ自分

の本当に興味があったところも本気出してインターンからやっても良かったのかなっていう風に」感じたという。

この時点でもマイコはH社に対する志望度は高かったというが、それでも当初志望していた食品メーカーの技術職の選考を受けようと考えた。これについては以下のように語っている。

マイコ　その時期でも、本当に技術職なのか、いや、こっち（H社）の方がいいのかなって思ってる時期ではあったんですけど。でもやっぱり最初にやりたいって思ったことでもあったし、情報量がいかんせん違いすぎるじゃないですか。こっちはもうたくさん関わった上で頂けたけど、こっちは始まってすらいなかったので、一応同じレベルまで情報量はもっていかなきゃいけないっていうので、ほんと4社とか5社ぐらいしかエントリーシートは出さなかったんですけど。食品企業の技術職で出して

ここからは、既に当初志望していた食品メーカーの技術職か、H社の営業職かで迷うほど、H社の志望度が高くなっていたことがうかがえる。ただしマイコは、元々志望していた食品メーカーの技術職についても、まずはH社と同程度の情報を得てから、最終的な志望先を決めようと考えたという。H社はマイコが内定受諾の返事を保留することを許可した(6)。

マイコはその後食品メーカー5社の選考に応募し、4社の書類選考を通過し、2社は最終面接に進む。この間の志望度の変化についてマイコは以下のように語る。

マイコ　技術系の方も選考進んだは進んだので、まったく向いてないわけじゃないんだ、とは思ったんですけど、より自分の自然体でいられて、強みを活かせるのは営業系の方かな、っていうの

を、選考を受けて感じましたね。質問のされ方とかによって、何が聞きたいか、とか分かるじゃないですか。その時に、自分のすごい大切にしているものとか、話したいことを話せたのは、技術じゃない方の選考だった気がして。そうするとやっぱり素の自分で活躍できるっていうか、向こうも欲しがってくれたのはそっちかなって

―― 自分も活躍できるし、社会にも役立つっていうことですよね。技術系の方の面接だとどういう感じのことをよく聞かれました？

マイコ あまりその人のパーソナリティとか聞かれなくて。本当に研究の話をずっとしたりとか。研究に対するどういう考え方、どうしてそれをしたか、とか、今後の展望とか。よくある先生とのディスカッションみたいな感じで。本当に志望する動機とか、個人について聞かれたのが最終面接だけとかだったりした時に、あまり人で選んでないんだな、っていう。それで選ばれて入ったとしても、働き始めて本当にマッチングしてるのかな、結局何をやるかって、どんな人とやるかってすごい大事だと私は思っていて。ということは向こうもどんな人が欲しくて、どういうバランス、人間を採ろうってちゃんと考えてる企業じゃないと結構働きづらいだろうなって思ってたので。あまり人柄を見ないで選ぶのは嫌だなっていう風に

まずマイコは、食品メーカー技術職の選考もある程度通過したことで、適性がないわけではないということを感じたという。しかしマイコにとって、より適性を強く感じられたのはH社の営業職に対してであった。この判断の材料となったのは、面接での質問やそこから推測した企業の評価基準であった。技術職の面接では、研究についての質問が主で、個人のパーソナリティを知ろうとする質問はほとんどなかったという。最終面接に進んだ1社については、自身のパーソナリティについて、企業

は理解していないままだという感触を抱いたという。これに対しマイコは、H社の方が「自分の大切にしているもの」や「話したいこと」を話すことができ、そのような点を評価してくれたH社の方が「素の自分で」活躍できるだろうと感じたという。マイコはこうした適性の判断に伴い、自身の「やりたいこと」の内容が変化したことを語る。

マイコ 段々、両方やってみたい、やってみたい度は同じぐらいになってましたね、最後は。まだ知らなかっただけで、知れば知るほどこちら（営業）の魅力も感じましたし。やりたいだけじゃなくて、自分らしく、自分の強みを活かして活躍できるのはどっちかなって思った時にやっぱり、社会に貢献するっていう意味では、苦手なことでっていうよりも自分が得意なことでやった方が、自分もハッピーだしたぶん社会もハッピーじゃないですか。そこでますます、やりたい度というのは段々同じになってきました

マイコにとって「やりたいこと」は初めは客観的な仕事内容を意味しており、食品の研究開発職の志望度が高かったが、次第に営業職についても情報を得て、より適性があることを感じるにつれて、営業職と研究開発職が同程度の希望になったという。マイコは、適性がある仕事に就く方が、自身にとっても、社会全体にとってもより望ましいということを、その背景にある論理として語っている。

さらに、選考方法・基準は、自身の適性だけでなく、働く環境のシグナルとしても意味づけられていた。技術職についてマイコは、同じように個人のパーソナリティを問わないような選考で選ばれた将来の同僚と、円滑な関係のもと共に働けるだろうかと不安を感じたとしている。マイコはさらに以下のように語る。

マイコ　やっぱり、どんな人がいる環境か、っていうのが大事だったかなって思います。もちろんやりたいことも大事なんですけど。やりたいことってたぶん結局色々あって、しかもやってみたらそうでもなかったとか。あんまり興味ないことでもやってみたらすごい面白かったってことの方が、たぶん多い、やってないうちは分からないじゃないですか。なのでやりたいことというよりかは自分が前向きになれる環境の方が大事だなって思って。そういう環境だったら、あんまり、微妙かなって思ってたことでもたぶん好きになっちゃったり、そこにいる人が好きだったりとか。自分の強みを活かして、気づいたら成長できてた、みたいな環境だったらたぶん、目の前のことがやりたいことになると思ったんですよ。なのでどんな人がいるか、とか結構大事にしてた気がします。同じような熱量の人じゃないと。例えば自分だけすごいやる気があって、周りがやる気あまりなかったらたぶんイライラしちゃうし。逆に熱量に差がありすぎても、自分はその方向にはアツくなれない、とかあるじゃないですか。なので大事にしてる価値観とか、その企業と合うか、とかそういうのが一番大事だって、軸としては大事だった気がします

――色々ある中でもそこが大事

マイコ　はい。結局やりたいと思ってたことでも極悪環境だと嫌いになっちゃうことってあるじゃないですか。ですし、今の研究室とかも。色んな背景とかの人がいるじゃないですか、考え方も違う。その時にどういう人と一緒に仕事するかってすごい大事だと考えるきっかけにもなったんですよ。色々自分のモチベーションを下げられるほど悲しいことはないな、とか

ここでは、確かに仕事内容が「やりたいこと」と一致していることも重要だが[7]、しかし何より自身がモチベーションを持って働けることが重要であり、そのためには同僚の様子や企業の文化も重要だ、

という考えが示されている。マイコは、たとえ仕事内容が「やりたいこと」と一致していても、周囲の同僚がそれほど意欲を持っておらずそれに足を引っ張られるような職場であった場合、働きにくくなるだろうと語る。

このように、選考を通じてマイコは、適性、および働く環境の点で、H社の方が食品メーカーよりも就職先として望ましいと考えるようになったという。そしてマイコは、H社の内定を受諾した。マイコは自身の就職活動での企業選択について次のように振り返る。

マイコ　自分の軸の変化をまとめると、最初は、まあメーカーっていうのはあって、その会社が作っている物とか社会にもたらすものだけをすごい見ちゃってたんですけど、段々それプラス自分を活かす、というところもちゃんと一緒に考えることが大事だなっていう風に思ってきて。でその自分を活かすっていうところを考える上では、働き方とかそこにいる人とか、長期的な視点で見た時のファーストステップとしてどうなのか、っていうところ。なのでプラス自分を活かす、という要素が加わったところで結構興味が変わっていったと思います。やっぱりどうしても最初はその会社の社会に対するインパクトとかにみんな興味が行きがちじゃないですか。でもそれ、ファンと仕事にするとは違うので。自分を活かすってところをほんとにちゃんと考えないとダメだな、っていう風に途中で気づけたのもそのインターンとかに参加して、だったと思います

——やっぱりインターンでやって、自分の活かし方とかを感じられるようになった

マイコ　研究ばかりの日々だったので、そこでまあ新鮮だったというのもあるんですけど、こういうビジネスの世界とか、対人の、人に対して色々考えてやったりアプローチしたりするのがすごい面白いなっていう風に思ったので、こっちの方が自然体でいて、なおかつ評価もされて、いい

んじゃないの、っていう風に（笑）思ったんです

――自然体は大事ですよね。食品とかの方だと、技術の方だとやっぱりちょっと自然体じゃない感じってありました？

マイコ　ああ、自然体じゃない感じは、仕事をしてない、そんなインターンには行けてないので分からないですけど。自分が一番強みとするものを本業にするのはまあ営業とかかもしれないんですけど、技術職だったらそれをおまけみたいな感じで活かせるんだろうなって。もちろんあった方がいい、あるにこしたことはないんですけど、本質的なところはもっと別のところにあって。そういうこともあった方がもちろんいいと思うんですけど、一番の強みとして活かす場所ではない。だったらそれをすごい求めてくれる場所にいた方が、お互い様なのかなという感じがしましたね

ここでは、当初は企業の製品や社会への影響に目が行き選択をしていたが、インターン等を経験する中で、適性や職場環境など、自身が力を発揮できるかどうかをより重視して選択を行うようになり、結果としてH社を志望するようになったことが語られている。当初志望していた食品メーカーの技術職も、適性がないわけではないが、より（コミュニケーションの取り方が重視されるなどの理由で）適性があると感じたのはH社であったという。ここでは、「お互い様」というように、企業側（また先に紹介した語りを参考にすればこれは社会全体にもつながる）の役割取得がなされており、自身にとっての利益と企業（さらに社会）にとっての利益が一致するという視角がとられている。

最後にマイコがこのような志望の変更を行った際に生じた、それまでの自己物語の一貫性の破れと、その修復についても記しておく。マイコはH社に就職すると決めた時、親から、「それに行きたくて

修士まで行ったんじゃないの？　別に修士じゃなくても今の仕事（H社の営業）できるんでしょ」と言われたという。ここでの親の疑問は、マイコがそれまで語っていたでろう一貫した物語（食品を扱う専攻に進学し、食品関連の技術職を目指す）から離れることについてのものである。これに対しマイコは、「確かにそうだけれども」と考えたが、それでも「逆に修士での経験があったからこそ、納得してこっちだって思えたところもある」と考え、H社の内定を受諾したと語る。(8) ここでマイコはまず親の疑問はもっともだと、自身の新たな選択が、それまでの自己物語と一貫しないことを認識している。そこでマイコは、修士課程での経験も自身の進路選択をより納得のいくものにした、とそれまでの物語に修士課程時の経験についての別の解釈をいわば「接ぎ木」をすることで、新たに一貫した物語を構築し直している。またそこでは「技術職就職のため」という目的合理性を失った修士課程進学を、選択の納得性を高めるもの、として肯定的に意味づけ直している。

「選択の納得性を高める」というのはマイコの語りを通じて出てくる、行為の説明である。インターンでH社への就職希望が高まり内定を得た後で、今度は、同じ情報量を得た上でしっかりと吟味したい、と食品メーカーの就職活動を行ったことをマイコは語っていた。

マイコ　どっち選んでも、幸せな人生を送れるかどうかっていうのは、まあその人自身じゃないですか。だからまあどっちを選んでもよかったのかもしれないいんですけど。でも悩まないで決めちゃうと、もしその後大変なことがあった時に、ちゃんと考えなかった自分を後悔することになっちゃうと思ったので、一応納得して、こっちだと思ってからじゃないと決めたくないなって。先のことを考えると

――　そういう意味だと、まあ研究してきたこととか、食品とかを受けてきたことも、納得して選

ぶためのプロセスとして

マイコ　そうです。やっぱり絶対評価じゃ無理なので、全然違うものを比べた時に、より納得した上で選択ができたのかなってていう風に、今思うと。なのでそういう意味では、最初技術職に行きたいって思ってたけど、違う方を見て良かったんだなってていう風に。もしここだけしか見てなかったら、すんなりもしかしたらいってたかもしれないけど、もしうまくいかなかった時に、ちょっとこわいですし。いったとしても、仕事を始めた後に「やっぱりあっちの方がよかったのかな」って思うのもすごい嫌だったので

――　色々な所を見てかえってこんがらがってしまうとか、そんなことはないですか？

マイコ　確かに、人によって、そうですよね。確かにすべてを見ることがベストな選択肢に必ずしもつながるとは言い切れないと思うんですけど。自分の場合は、見れたかもしれないことに対して自分が努力しなかったからそれに気づけなくて、後からそれに気づく後悔っていうのが、一番嫌いなタイプなので、先に全部知って、悩んでもいいから知って、で決めたらたぶん後になって大変な時が訪れたとしても、でもあの時あれだけ考えた上での選択だから、っていう後押しになるかなってていう

――　なるほど。それはすごく面白いですね、確かに

マイコ　それが最善の選択肢、って思いこむこともスキルの一つなんだろうなって思うんですけど。でも絶対辛くなった時に、人間は考えるじゃないですか。「あっちにすれば……こっちにすれば……」とか。そういう時に強い自分でやっぱりありたいなって思ったので

ここではまず前提として、どの企業を選んだとしても、それだけで「幸せな人生を送る」ことにはつ

ながらず、入社後の働き方などその後も含めた当人のあり方全体が重要だということが語られている。このように選択の結果どちらの企業を選ぶかは、必ずしも正解が確定しておらず、またそれほど重要でないかもしれない、とされている。しかしそれでもマイコは、選択の過程で熟慮することが重要であるという考えを示している。その理由として挙げているのは、将来後悔をしないため、ということである。ここでは、選択で熟慮しておくことが、自己物語を強固なものとすることにつながり、それは入職後の後悔、つまり自己物語を維持できなくなること、にまつわる負担を予防することにつながる、とされている。このような、自己物語を強固にしたいという希望をマイコは、「強い自分でありたい」と表現している。

このように、選択の納得性を高めることは、マイコにとって目的合理的な仕方で意味づけられている。それは第1に、将来自身の自己物語の肯定性をより維持しやすくさせ、自己物語の揺らぎやその再構築に伴う負担を予防するものとされている。マイコにとっては、「選択の納得性」というのは、ある種の資本としての意味を持っている。第2にこれは、マイコ個人だけというよりも、就職先の企業やさらに社会にとっても有益なものとされている。そして彼女の就職活動における企業側との相互行為は、この資本を獲得していく過程として意味づけられている。こうした意味付けは、就職活動について新たな像を提供する。それは、事前に定まった効用関数の最大化を目指す過程としてではなく、効用関数自体の妥当性を求職者が常に問い直す中で、納得性という資本の最大化を目指す過程という像である。

以上、マイコの、志望の変遷を見てきた。この例は、事前のキャリア意識よりも、企業側との相互行為を通じた志望形成の方がジョブ・マッチングで重要となる場合があることを示すものである。本調査のサンプルでは、50名中36名が、社員との相互行為を通じた志望変化について語っていた。これらは、事前のキャリア意識形成や、社会的ネットワーク、および被選抜の要素（選考不通過という結果）からは説明できない部分が企業選択にはあり、それは学生と企業の間の相互行為から説明されることを示している。

2 社員の様子を通じ、志望が形成されるパターン

それでは、どのような相互行為が、いかにして学生の志望につながっているのだろうか。またなぜ企業側との相互行為は、学生の志望形成・変動において重要なのだろうか。本節では社員の様子を通じ志望が形成されるパターン、次節では選考の仕方により志望が変化するパターンをとりあげる。

本節では、第1に、社員の様子が学生にとって持つ意味、第2に、少数の社員の様子から企業全体について判断することの妥当性についての学生の解釈を、まとめる。これらは、なぜ社員の様子が志望に影響するかを説明するものとなるだろう。

社員の様子は、学生にとってどのような意味を持っていたのだろうか。学生の語りからは、大きく分けて、「職場環境のシグナル」、そして「ロール・モデル」の2つの意味が見いだされた。

まず、職場環境のシグナルとしての意味について取り上げる。ソウタ（九州、大学入試難易度下位、男性）の例を見ていこう。ソウタは就職活動開始当初、自動車小売業の営業職を希望していたが、説明会で営業ノルマの厳しさを知り、自動車小売業を希望するのをやめている。その後は、営業職という希望は継続していたが、ほかにはより大規模でエリア内にある企業を弱く希望するのみで、業種などは特に限定せずに企業を探した。ソウタは、応募する企業を決めるにあたっては、社員の印象が重要であったと語る。

ソウタ （合同説明会の）企業のブースに行って、ブースに入った時に会社の方の雰囲気ですごく感じる部分がありまして。やっぱり第１印象ですかね。第１印象で決めるの良くないとは思うんですけど、一歩足を踏み入れた時の、すごくウェルカム状態な企業もあれば、すごく堅苦しいような企業もあったので、どちらかというとウェルカム状態の企業に興味があったので、そこの部分でちょっと自分で興味が湧くか湧かないかは出てきた部分はあると思います

——ああ、最初の社員さんの印象で

ソウタ そうですね、はい。そこがやっぱり自分の中で一番だったと思いますね。その企業に入ったはいいけど、周りの人間関係などで躓きたくないっていうのもありまして。堅苦しいのは自分には合わないなって思って

ソウタは「第1印象で決めるのはよくない」としつつも、実際は社員が堅苦しい様子かどうかで、興味を持てるかどうかが左右されたという。一方でその後、堅苦しい風土は自分には合わない、とし、入社後の人間関係による躓きを避けたい、と、将来働く上で周囲から受けるであろうストレスの程度から社員の様子による選択に理由を与えている。

ソウタの場合、社員の様子は企業応募のきっかけに留まらず、その後の過程を通じても、志望の変化をもたらしていた。彼は所在地が実家近くで事業内容にも関心を抱いたＩ社の役員の様子を次のように語る。

ソウタ その最終面接で、まあ役員の方が来られたんですけど、すごく雰囲気悪かったんですね、その役員の方が。だからまあ逆に良かったかな、とは思いますね、今だからこそ言えますけど。あんな会社でやってても、続かなかっただろうし、あんな人のために頑張れるかな、って思った

時に頑張れないな、と。でそれはまあ親や祖父母にそのような役員の方の態度のことを言ったら、まあ逆に良かったよ、って言われたんですね。そういうとこに行かなくて。そうしたらなんか安心しましたね

――ちょっと悪口みたいになっちゃうんですけど、役員の方は

ソウタ　やはり第1印象ですね、すごく姿勢が悪い座り方をされてて、背筋も伸びてなく、こう深く殿様のような座り方をされてて、悪く言えばすごく態度が大きいような座り方をされていてすごく雰囲気が悪かったんですね。そういう部分でなんか良くないな、って思いましたね

ここでは最終面接で面接官を担当した役員の姿勢に悪い印象を抱いた様子、そして選考を不通過となったが、家族からの意見もあり、そのような企業に不通過となっても問題がなかった、とソウタは解釈しなおしている。その理由として挙げられているのが、そうした役員のもとでは、就職後モチベーションを維持しにくくなるだろうという予想である。

これに対し、内定先企業J社については、選考過程を通じた人事の丁寧な対応により志望度が上がったと語っている。

ソウタ　私が最終的にJ社に決めたのは、選考過程で、まあ説明会からもう最後までなんですけど、人事の方の対応が素晴らしくて。何と言いますか。やっぱり働いている方なので、学生をどうしても上から見てしまう部分があると思うんですけど、やはりすごく真摯といいますか、すごく丁寧に選考の内容の連絡や、その場に着いてからの言葉遣いや接し方が素晴らしくて、心あたたまるといいますか。人に魅かれたっていうのが一番大きかったですね。まあ職業に興味があったというのももちろんなんですけど、働いている方のあたたかみを一番感じられたのがもう自分の中

で決心がついたきっかけですね

ここでは、先に挙げたように学生を見下す態度をとる社員が多い中で、J社の人事担当者は、選考日程の連絡の仕方や、選考の場での接し方が丁寧であり、それに良い印象を抱いたことが、J社の志望度を上げることになったという。また面接官の様子もI社と対比して語っている。

ソウタ　J社の方はすごく、座り方もちゃんとされてて、お偉いさんにもかかわらず。で皆さんちゃんと、4人いらっしゃったんですけど、4人の方が自分の方を体ごと向けて下さって。そういう部分で素晴らしいなって思いました

ソウタ　I社と比べた時に、面接官がすごくあたたかかったですね、J社は。I社の人事の方はすごく表情もかたくて。雰囲気がすごく暗くて堅苦しいイメージがあったんですけど、そういうイメージがあってJ社を受けた時に、すごくやわらかいっていうかこちら側が肩の荷が下りると言いますか、リラックスしてしゃべれる環境を作っていただいて。その部分で違いを感じて

このように他の企業と比較して、人事担当者や面接官が丁寧に接してくれたことが、特にソウタのJ社への志望度を高め、最終的に内定企業3社の中からJ社が就職先として選択されている。

ソウタの語りからは、社員の様子が、将来働く環境を推測するためのシグナルとして利用されていることが分かる。人間関係上のストレスは、働く上でのモチベーションや生産性を削ぐものとなりうる。このためソウタは、社員や役員、人事担当者の様子を重視して、企業を選択していた。こうした志望度の変化について、ソウタは初めの合同説明会についての語りでは、「第1印象で決めるのは良くないと思う」として、それが非合理的かもしれない、と留保を示していた。しかしその後、「人間関

係で躓きたくない」とそれに基づく選択を合理化している。

またハルナ（九州、大学入試難易度下位、女性）は内定先企業2つからどのように就職先を選択したかについて次のように語る。

ハルナ　やっぱり最後は会社の雰囲気です。まあ給料面は前の、1個前に受けた方がよかったんですけど、まあそこじゃないなって思ったのが、面接官以外の事務の女の方もその試験会場に結構足を運んだりしてたんですよね。で何人かお世話になったんですけど、話してる感じすごいいい人達で。実際に一緒に働く人たちはその人達な訳で。会社の雰囲気っていうのは、その人達の人柄だと思うんですけど、面接官の人もすごいいい人っていう直感がピッてあったし。周りの人たちも、支えてる人達もすごいいい人で。あ、この人達の中なら私のこの性格をまあ受け容れてもらえるだろうなっていう。一緒のような雰囲気、自分と似たような雰囲気を感じたので、そこにしました

ここでは、給料よりも社員の様子を優先し、就職先を決定したことが語られている。ハルナは就職先企業について、将来共に働くことになる同僚の様子に魅力を感じ、そして彼らに似ている自身がその中で受け入れられることを確信している。そこでは情緒的な面も含んだメンバーシップが予期されている。

また学生は職場環境のシグナルとして、社員だけでなく、説明会や選考での周囲の学生の様子も利用していた。ナギサ（首都圏、大学入試難易度中位、女性）は、業務内容から一時強い関心を持った不動産業の企業について、説明会での他の学生の様子から志望度が下がり、選考にも応募しなかったことを語っている。

ナギサ　デヴェロッパーのK社さんとか、最初はすごい行きたくて、毎回ワークショップみたいなのとか、体験型とかいうのも結構行ってたんですけど、やっぱり男社会だったんで。競争率も高かったんですけど、運よく行けることになって、行ってみたんですけど。6人グループに5人男性で、(体験内容は)実際に結構建物を作ってみるみたいなものだったんですけど、やっぱりそんなつもりはないんでしょうけど、I人女性っていうことで結構、書記で、とか言われたりしたんで。同じグループの男性に。あ、これは違うな、って思って。あとは学閥って言うんですか、学校で、たまたまその時はL大学(入試難易度上位)の方が多かったんですけど、L大生ってなんか群れる、みたいな印象があって。L大、L大、みたいな感じでなってて、あ、L大か、みたいな。女性がいてもみんなやっぱりM大学(入試難易度上位)とか、やっぱり学歴で選ばれてる感じがあるのかな、なんていう感じがしたんで、ちょっと好きじゃないな、って思って

ナギサは業務内容などから不動産業のK社を志望し、業務体験型ワークショップに参加したが、そこで集まっている学生の属性やその様子から、志望度が下がったという。まず学生の属性としては、男性が多く、かつ銘柄大学の学生が集中していた。また学生には、グループワークで女性であることを理由に書記の役割をナギサに割り振ったり、また同じ大学の学生同士で集まる様子が見られた。そこからナギサは、「男社会」や「学閥」といった、企業内の評価や仕事の分担の仕方を推測し、銘柄大学出身でない女性である自身としては、「これは違う」「ちょっと好きじゃない」と、嫌悪を感じたという。

これらの語りからは、社員や他の学生の様子が、将来的に快く働き続けられるかを判断する上のシグナルとして利用されていることがわかる。

続いて、社員の様子が学生にとって持つもう1つの、ロール・モデル（キャリア・モデル）としての意味について説明する。ハナ（首都圏、大学入試難易度上位、女性）の例を見ていこう。ハナは、就職活動当初から、大企業を希望し、業種としては、業務内容に関心があり、自身の語学力などを活かせると考えた、海運、総合商社、航空などの業種を希望し、活動を進めていった。ただしこれらの希望業種の、同程度の企業規模の企業の間では待遇の違いもあまりなく、企業間の志望度の差は、主に社員の様子から生じたという。以下は彼女が海運業のN社を第1志望の企業とするようになった経緯についての語りである。

ハナ　例えばO社（商社）さんだと、かなり、まあ企業対就活生という形で採用活動を進めていく印象を受けたんですね。本当に大多数の就活生向けに説明会を行って。でもN社さんは、本当に社員対学生、名前で接して下さるんじゃないのかな、という印象を受けて。「ハナさんどう思う？」ってちゃんと名前で呼んで下さったり。心遣いひとつひとつに感動しました。自分もそういう働き方をしたいですし、そういう人に育っていきたいな、と

――つまり、相手のお客様だったり、場合によっては就活生に対して、人として

ハナ　敬意を払って下さるのがもう十分に伝わってくるので。その方が取引をしていて、相手のお客様も気持ちいいし、良い関係が築けるんじゃないかなって思いました

説明会やOB・OG訪問で、学生に対し無名の応募者の一群の一部ではなく、個人として接する社員の様子によりハナはN社を強く志望するようになったという。そしてその理由について、自身もそのような働き方をしたいこと、そしてそうした働き方が取引先との良好な関係の維持の点で優れていると考えることを挙げている。

ここでは、働く環境のシグナルとしてだけでなく、自身の理想の将来像として、社員の様子がとらえられている。その企業に就職し働き続けた場合、自身もそのようになれる可能性があることから、それは当該企業への志望度が上がることにつながっている。このような、社員の様子が持つ学生にとっての意味を、ロール・モデルと呼ぶことができる。学生は社員との相互行為の中で、その役割を取得し、将来的な自己を想像する。それは、企業規模や待遇といった書面上の情報からは得られないものである。またそれは仕事内容をもとにした志望形成とも異なる。それは実際の社員との相互行為を通じて得られる、より多元的な内容を含む将来的な自己像を目標とすることによる志望形成である。

シンタ（九州、大学入試難易度中位、男性）は、社員の様子をロール・モデルとして参考にする中で、当初の企業規模や勤務地についての希望条件とは異なる企業を第1志望とするに至っていた。シンタは就職活動開始時点では、安定性を理由に「とにかく有名な企業というと変ですけれど、大企業」を、希望していたという。また勤務地については、「最初はもうどこに行っても全然。転勤もすごく、ポジティブに考えていた」という。この理由としては、「一度そこでうまくいかなくても別の地域に行ったら切り替えができたり、職場もが変わると雰囲気も変わって、良さそうだなっていうのが最初はありました」と語っている。またシンタは特に業種について希望はなく、まず待遇などの条件をもとに、九州以外も含めて企業を探したという。

その後シンタが企業を選択する上で特に重視したのは、説明会などで社員と話す中で得られる情報であった。

シンタ　重視してたのは、この時間はこの会社について説明しますっていうプログラム通りの時間ではなくて、その始まる前や後の、「こんにちは、P大学のシンタです、今日はよろしくお願いします」「今日はありがとうございました」っていう何もない時間の方が、自分としてはなんですけど。プログラムであったり勤務体系であったり社風であったりはある程度資料を見ればわかるんですけど、でも働かれてる人っていうのは、やっぱりどうしても見てみないと足を運んでみないと分からない。で一番、さっきも言ったんですけど、働く中でお付き合いしていくのはやっぱりどうしても人なので、そういった人がどういった風で、何を大事にされているかっていうのを、そういった時間を自分は大事にしてました

ここでは、説明会で企業が用意した説明というよりも、その前後の時間での社員とのインフォーマルな形での会話を重視したことが語られている。その理由として、説明そのものは、自身で調べれば得られる情報が主であるのに対し、こうした会話からは社員の様子や価値観を知ることができることが挙げられている。具体的な話の内容についてシンタは「雑談ですね。特にこれを聞くっていうことは決めてはなかったです」というように、相手によって変わっていたことを語る。そこから得られた情報をシンタはどのように活かしていたのだろうか。

シンタ　自分も入社した時には、まあどうなっていくかは分からないですけど、そういう風になれるっていう選択肢が実際にもう結果として出てる方がいらっしゃるっていうのもどちらかといったら参考にしました。資料とかでは、まあある程度たぶん、自分もなんですけど、いいことしか書きたくないので。そういったいいところだけを見てやっぱり飛びついてしまうと、入ってから色々、こんなはずじゃなかったってなる

ここでもロール・モデルとして、社員の様子が参照されている。一方で、自身が必ずしも相手の社

員と同じようになるとは限らないことも言及されている。それでもシンタは社員の様子を重視していたと語っている。

この理由としては、企業側の説明や書面の情報に対する優位性が挙げられている。シンタは、こうした情報が実態とずれている可能性があるとして必ずしも信頼をおいていなかった。その理由としては、企業側が自社をよく見せようと提示する情報を恣意的に選択するなど、書かれた情報が必ずしも信ぴょう性がないことが挙げられている。

一方で、社員の様子から得られる情報は、この欠点を補うものとなっている。恣意的な情報提示は確かに社員個人が行うこともあるが、学生は「非意図的な表出」Goffman（1959=1974）の観察を通じこれに対抗することができる。上の語りの直後にシンタは次のように語っている。

シンタ　まあ趣味とか何されてるんですか、とか、休日とかどうされてますか、って、そういう質問でも、普通に忙しい方は「いや、休日、何してるかな」って悩まれるんですよ。逆にもう「休日はずっと家にいて、この前は子供のあれ行ったかな」とか、「部活の試合とかを見ていってどこまで行ってきたよ」とか、そういう話をされているってことは、あんまりそういった風にお仕事と私生活とっていうのがまあしっかり用意されている。まあその方がうまくやっているのもあると思うんですけど。うまくやればそういう風なのもできるんだな、っていう風に聞いてました
――　なるほど、確かに。休日がない人いますよね、実際
シンタ　もう言って下さることもあります。「いやあ、もう最近は忙しすぎて土日なんてない」、ってておっしゃって下さる方もいますし。やっぱり聞いてみると、土日休み、とか書いてあるのを本当に信じて、実際土日が本当に休みなのか。週休2日が本当に土曜日日曜日なのか、で完全週休

２日が土曜日日曜日だ、でも本当にそれは、っていう。最終的に人が一番

――そうですね。書いてある情報よりも実際を知れるっていうか

シンタ　それで元々この時期は忙しくて、もう土曜日日曜日結構会社に出てもらうことも多い、って言われてたら、それでもまあお仕事のためだったら、と思うんですけど、最初から土日休みなはずなのに、こんな時期があるなんて聞いてない、ってなってしまうのが一番こわかったので。事前に人からそうやって聞いていると、あ、そういう時期もあるんだ、って

ここでは、休日の様子についてシンタが社員に尋ねた際の、様々な反応が記されている。休日があまり取れないことについて「もう言って下さることもあります」、と、社員が率直に話す場合もあることをシンタは語っている。一方で、社員が学生の自社の印象を悪くしないように、実態と異なる回答をする可能性も考えられる（恣意的な情報提示の可能性）。しかし、休日に何をするかという質問に対し社員が即座に語り始めるか、休日の活動について思い出そうと悩むかで、実態についての手がかりを得ることができるとシンタは語っている。即座に語り始める場合は休日を実際にとれていることが分かる一方で、思い出そうと悩む場合は実際に休日をとれているかに疑問が残ることとなる。このような質問に対する咄嗟の非言語的な反応は、社員が統制しきれない「非意図的表出」にあたるものとされる。シンタは説明会の中でも、事前に練習され自己呈示が統制されたプレゼンテーションよりも、このような非意図的表出が生じうる、幕間の時間での社員との相互行為から得られる情報を重視していた[9]。

また、要約による実態とのズレについて、この語りの後半では、休日があるかどうかが繁忙期か否かによって異なる可能性が示唆されている。しかしこうした情報は、要約して書面に記される完全週

休2日、などの記述には反映されない。社員との話は、このような要約により失われる情報（ほかにも部署や個人による違い、等が挙げられる）を補うことが語られていた。このような形で、社員との会話の内容やその時の様子から、シンタは、「会社に行くとどういう人生になるのか」を判断していったという。

シンタは特に、県内の合同説明会で見つけた保険業の中小企業Q社に特に強くひかれ、勤務地についての希望が変化し、企業規模も重視しないようになったという。シンタはQ社について、以下のように語る。

シンタ 説明会の前後の時間であったり、そういった時にすべてQ社では対応して下さったり。長い間、もうずっと同じ職場で同じ人間でやってるので、例えば作業を早くするために朝早く職員の方がやるっていうのを何十年もやってきてて、とかそういう工夫じゃないですけど、そんな取り組みをされてて、まあ自分もぜひそういった方と一緒に働いて、長い間これから働く中で、自分も何か一つでもできたらいいなっていう職場の雰囲気がすごくあったので、人っていう面でも、質問をしてみて、答えにくい質問もたくさんしたと思うんですけど、すごく丁寧に答えて下さって。何より働かれている方がやりがいを感じて、っていうとかっこいいんですけど、一言で言うと楽しそうだった

ここではまず、合同説明会の場でQ社がシンタの質問に丁寧に対応したことが、志望度が上がった一因として挙げられている。その上でさらに、地元での歴史が長いQ社の仕事の様子や、社員が自主的に貢献意識を持ち仕事に取り組んでいる様子を知ることで、志望度が上がったことが語られている。シンタは当初は転勤が多い方が、その都度切り替えができる点でよいと考えていたが、Q社を知るこ

とで、むしろ「長い間仕事をしている中での人間関係」を魅力に感じ、地元の企業をより希望するようになっていた。また企業規模についても、重視しないようになっていた。

シンタはその後Q社を第1志望としたが、採用スケジュールが先にある全国規模の大企業のリクルーター面談や選考をまず受けていった。そしてQ社よりはるかに規模の大きい全国規模の企業1社の内定を獲得したが、返事を保留し、第1志望であるQ社や他の地元企業の選考を受けた。結果としてシンタはQ社の内定を得て、大企業の内定は辞退した。シンタは地域の銀行からも内定を獲得し、親からは安定性や社会的威信、給与を理由に、そちらを勧められたが、それでもQ社への志望は固く、Q社への就職を選んだ。シンタの場合、最終的に、企業規模や勤務地についての当初の希望よりも、社員の様子を通じて形成されたQ社への志望の方が重要なものとなっていた。

以上、職場環境のシグナル、そしてロール・モデル、という社員の様子が学生にとって持つ意味を説明してきた。応募者は社員の様子を通じて、企業への情緒的コミットメントを形成していた。上に挙げた諸例で学生は、企業にまだ入社しているわけでもなく、内定すら得ていないが、それでも既に当該企業の社員のようになる、あるいは当該企業の社員と共に働くということについて具体的な像と動機づけを得ている。

またそれは、当該企業にのみ当てはまるものという点で、学生が応募企業や、選考対策に力を入れる企業、あるいは内定を得た後就職先とする企業を、選ぶのに役立つものであった。それは企業規模や待遇などの条件によっては達成されない。確かにこれらの条件は企業のふるい落としには役立つが、それでも多くの企業が残ってしまう。これに対し、社員の様子は、企業群ではなく、一企業への積極的な志望形成につながっていた。

ただし、少数の社員の様子から、企業全体の特徴を推測することについて、学生は不正確さが伴うことも一方で認識していた。それでも多くの学生は社員の様子を重視して企業を選択していた。最後に、少数の社員の様子から企業全体について判断することについての学生自身の解釈を紹介する。

第1に、社長、役員や人事担当者の様子については、彼らが持つ影響力を考慮し、ある程度は企業全体の判断と結びつけられるという考えが、示された。これは特に中小企業について語られることが多かった。例えばシンタはある中小企業R社の人事担当者との会話から志望をするようになったことについて次のように語る。

シンタ　R社の人事の方とお話しをしている中で、まあその方は説明会の後に話したんで、すごく長い時間お話しをさせていただいて、まあ時間も時間だったので、別のお店に行って、そこでゆっくり話そうって言って下さって。でその会社について話すのではなくて、自分の本当に思っていることであったり、どういった会社を探してるのかだったりを聞いて下さって。まあそうするとそのR社についてはあまり志望度が元々高くなくても、やっぱりそういった方が1人でもいらっしゃると、業種よりも職場とかについて聞きたい自分にとっては安心感がやっぱり。何かあった時に助けて下さる方が1人でも絶対いらっしゃる、っていうのが分かると。まあそういうお世話して下さる方が、うちはそうやって困っててもみんなで助けてくれるっていう話をされると、志望度もすごく、そういった所で働きたいっていう風に思って、より興味が湧きます。そういう のはやっぱりお給料だったり頂いた資料だったりでも分からないので。そういった方がいる職場もきっといい職場なんだろうな、だから自分もそこで働きたいなっていう風に志望度は上がります

ここでは、説明会の後も長い時間をかけ面倒を見てくれた人事担当者について、そうした人事担当者

が1人でもいることが安心につながり、他の職員についての話とも併せて、職場全体の印象を良いものとしたことが語られている。

また中小企業に限定して活動を行っていたノリオ（九州、大学入試難易度下位、男性）からは、人事担当者は社員の教育訓練も担当しているため、人事担当者の特徴は、教育訓練の仕方に影響し、多くの社員の様子にも当てはまるようになる、という考えが挙げられた。

ノリオ　考え方が論理的な人が良かったな、とか。根性論とかあんまり好きではないので、まあそういうとこで、なんかこの人根性論好きだな、とかそういうのは嫌だったので、そういうとこは避けて。その会社はどうかなって思って。やはり人事とかそういう、まあ教育アドバイザーの方が根性論とか持ってると、たぶん教え方もそうなんですよね。となると社員がそうなんですよ。そう考えるとちょっと危ないなっていう風には考えたりしてましたね

ここでは、人事担当者が精神主義を唱えるような場合、それは社員全体にも影響があると考えられるため、そのような企業を避けようと考えたことが語られている。ノリオは3つの企業の内定を得ていたが、内定者懇親会などでの人事担当者の様子を参考に、就職先の企業を選んでいた。

第2に、このような疑問は完全には解消されないものの、それでも同一企業の社員に一定程度は傾向が見られるという考えや、人数を増やすことによって企業全体について誤った判断を下す可能性を減らせる、という考えも見られた。大企業に限定して活動を行っていたセイヤ（首都圏、大学入試難易度上位、男性）は、次のように語る。

セイヤ　社員座談会だったら例えば5人ぐらい社員と一遍に会えるじゃないですか。で5人が全員

自分と会わなかったら、その会社もたぶん合わないだろうな、っていう。確率的にそうじゃないですか、半分の人が自分に合わない人だとしても、0・5が5回連続で出てくる、そうは起こらないだろ、みたいな

ここには確率論的推定の考え方が見られる。社員1人からの企業の特徴の推測は不正確となる可能性が高くとも、社員座談会で数人の社員から推測をする場合、正確性は高まるだろう、というわけである。

第3に、推測の不正確さが一定程度あることを特に否定せず、それでも実際は社員の様子を通じた推測を行ったことを語った学生も多く見られた。本章の初めに紹介したノブは「その会社っぽさみたいなのが、5千人の社員全員にあるっていう風に思えなかった」と社員に共通の特徴の存在を疑い、個別企業の説明会への参加やOB訪問を特に行わなかったが、実際の選考では社員の様子から志望度が変化していたことを語っていた[10]。ここでは、たとえ推測が不正確となる可能性があるとしても、実際は社員の様子を通じて志望度が変化するということがうかがえる。この理由としては、先に挙げた、社員の様子から得られる情報が、書面から得られる情報などによって代替しにくいという事情が考えられる。このような状況では、たとえ不正確な推測を行う可能性があるとしても、そうしたシグナルを利用しないよりは利用して推測を行った方が、満足できる企業を選べる可能性が上がるとも考えられる。

学生も、個々の社員の様子が、企業の社員全体の特徴を代表するとは限らないと考えていた。しかし当事者の行う実用上の推測では、代表性だけが重要なのではない。学生にとって社員の様子というのは、書面からは得られないような多元的で豊かな（場合によってはより信頼できる）情報を得られる資

源となっており、利用可能であるならば、利用しないよりは利用した方が、望ましい企業を見つけやすくなるととらえられていた。また特に小規模な企業の場合や、社員が特に影響力が強いと考えられる役職の場合や、会った人数が多い場合は、より推測は正確になるととらえられていた。もちろん社員の様子を知るためには、一定のコストがかかり（特にエリア外での活動の場合これは大きなものとなる）、特に多くの企業に応募する学生は推測の正確性を「理想的」な水準まで高めていくことは困難かもしれない。そこで学生はある程度推測の正確性については妥協しつつも、社員の様子というシグナルを求め、これを利用していたといえる。

３　選考方法・基準を通じ、志望が形成されるパターン

社員の様子とともに重要であったのが、企業の選考の仕方であった。学生にとって選考方法・基準は第1に、企業の職場環境や競争力のシグナルとして、第２に、自身の適性のシグナルとしての意味を持っていた。

まず第1の、企業の職場環境や競争力のシグナルとしての意味について紹介する。初めに紹介したノブの例では、選考方法が合理的かどうかが、当該企業の業務や内部運営が合理的に行われているかどうかを表すシグナルとして活用されていた。ここでは合理的な運営がなされているほど、働く上でのストレスも少ないとして、職場環境が重視されている。

一方次に紹介するアリサ（首都圏、大学入試難易度上位、女性、社会科学系）の場合、選考がうまく行われているかどうかを重視する点は共通していたが、それは主に企業の競争力を推測するためのシグナルとして用いられていた。

アリサは、実家の家業を見る中で、モノづくり、特に人々の生活に直接関わる製品に携わる仕事をしたいと、就職活動以前から考えていた。そして就職活動開始当初から製造業の大企業を志望し、活動を行った。中でも実家の家業と関連する化学メーカーは、親族に1企業の社員がいて話を聞いていたこともあり、志望度が高かった。ただしアリサは製造業以外でも1社のみ、モノづくりとの類似点もある、不動産業のS社にも応募していた。S社の志望度は当初は他のメーカーに比べ低く、「全然第1志望じゃなくて、受けてることも忘れてるぐらい（笑）。そういえば受けてた、みたいな感じ」で、選考に臨んだという。しかしこのような事前の志望度の差は、選考過程で逆転する。

S社の選考は他社とは異なったもので、それを通じアリサはS社をより強く志望するようになったという。

アリサ　面接が3回あったんですけど、全部1対1の面接で、結構本当に雑談とかが多いような面接で、社員の話とかを色々聞けたんで、その時にちょっとこの会社いいかもしれないなっていうのがあって

――どんなところが？

アリサ　結構面接の時って質問、質問で、答えて終わり、なんですけど、（S社では）質問されて答えると、僕はこういう風に考えてる、とかっていう風に話してくれる人だったので、第1面接の人が。そういうの新鮮だな、って思って。ちゃんと自分の意見発信するのを大事にしてるのかな、ってなんとなく

他社の面接は一方的に定型的な質問をされ、それに答えるのみで終了することが多かったが、S社の面接は、学生の人物全体を把握しようとするもので、社員の意見も交えながらより対話的な形で、進

められたという。アリサは、そうした選考方法を、他社と比較して、より正確に学生の特徴をとらえることのできるものとして評価していた。またアリサは、社員の側も率直な意見を返してくることから、S社のオープンな企業風土を感じ、それにひかれたという。アリサは大学の経営学の授業で、多様な個人の視点を取り入れることが企業にとって重要だと学び、それを認識している企業を探していたと語っている。このことも、S社の選考方法を高く評価した一因として考えられる。

これに対し、当初はより志望度が高かった他社では選考を通じ志望度が下がったと、アリサは以下で語っている。

アリサ　大体「大学時代がんばったこと」と「志望動機」を聞かれて終了の所が多くて。時々、今の会社に対する提案とか今後どうしていったらいいか、みたいなことを話す所もあったんですけど、結構今後どうしたらいいかっていうのを聞いてる企業は、あまり真面目にやってない印象を持ってましたね、面接自体に対して。学生に対して向き合ってるところほどあまり形式ばってないというか。そういう印象はありましたね

面接が定型的で、前もって定められた質問で進められる企業は、選考を「真面目にやっていない」ように感じられたという。一方で、あまり形式的でない面接（多様な質問や対話の重視）を行っている企業は、学生に対し強い関心があるように感じられたという。こうして活動開始当初最も強く志望していた化学メーカーT社の志望度は選考を通じて下がったという。

アリサ　すごい気持ちとして複雑だったんですけど、そもそもやりたかった商品を扱っているT社っていうのはやっぱりちょっと捨てきれないところがあって。やっぱりあの仕事もしてみたいな、

って思いつつ。でも本当にその面接の場を見て、すごい広い空間でブースがわーってあって、もう流れ作業みたいに面接をやっているので、あまりそれを見てしっくりこなかったですね。そんなに志望度は最終的には高くならなかった

――結構よく聞きましたね、ブースで流れ作業っていうのは

アリサ　そうですね。ほんとにちゃんと見てるのかな、とかっていうのは思いました。そこを中途半端にやってる所って中途半端に採られた人達が働いている会社だな、と思ったので。いい成果は残せないんじゃないか、みたいな

ここでは、大規模な会場で流れ作業のように面接がなされており、面接の内容も定型的で学生の特徴よりも企業理解を問う質問が多かったT社について、学生の特徴を正確に把握できているのか、という疑問が語られている。その上で、学生の特徴を見極めないまま採用がなされている企業では、優秀な社員を集められず、よい成果を挙げられないのではないか、と疑問を呈している。この例では、選考の仕方を情報源として、一般的な社員の様子（この例では「中途半端」と形容されている）が推定されている。社員の様子を通じた志望形成では、個別の社員の印象を企業全体に一般化できるかについては議論があったが、この場合は、同じ仕方の選考で採用された社員、という形で一般化を妥当なものとする論理が働いている。そして社員の働きは企業の成果を規定するという前提のもと、選考の仕方と、企業の生産性とが結びつけられ、それが志望度につながっていた。

アリサはS社の初期の選考で、学生の特徴を見極めようとする姿勢を感じ、志望度が高くなっていたが、これは最終面接でも変わらなかったという。そして内定の連絡を受けた際は、同時に受けていた他の企業の選考を辞退することをすぐに決め、就職活動を終えていた(11)。

第2に、自身の適性のシグナルとしての意味について紹介する。ここでは、リン（首都圏、大学入試難易度中位、女性）の例を紹介する。

リンは、民間企業の就職活動では、初期から金融業の企業に絞り活動をしていた。リンは、地元の金融機関を中心に約30社のプレエントリーをし、個別説明会に参加するなどして情報を集めた。リンは選考前の企業の志望度の順について、当初は銀行を優先しており、地元の地方銀行と、全国規模の都市銀行の両方を志望していたという。

リン　行きたいって思ったのは、3、4社ぐらいで、私は地銀、地元の企業って思ってたんですけど、まあメガバンク（全国規模の都市銀行）でもI社、説明会とかOG訪問とかしていて、「あ、行きたいな」って思うところがあって。そこで、地元を優先するのか、（それとも）その会社を、大きいし、有名だし（笑）、みたいな感じで、で行きたい、内容的にも合ったので、どうするかで結構迷ったりはしたんですけど。そうですね、だから最初は銀行優先で、保険は後回しっていうか

ここでは、当初は銀行業を主軸に考えており、その中で地元の銀行か、関心を持った1行の都市銀行かで迷ったことが語られている。また後に、当初の志望度は低かった保険業の企業に最終的に就職することになったことも明かされている。都市銀行1行について関心を持った理由についてリンは以下のように語っている。

リン　まず説明会の雰囲気が一番自分がいて落ち着いたというか、雰囲気がしっくりくるっていうか、そういうのと、後は、OG訪問をするなか、大体メガバンクみんな2人ずつぐらいOG訪問したんですけど、そのOGさんの、性格だとか雰囲気とかも、やっぱり一番接しやすかったとい

うのがあって、大体後は福利厚生とか仕事内容はみんな似たり寄ったりなので、そこはあんまり比較はしなかったですけど、やっぱり雰囲気を重視してやってました

ここでは福利厚生や仕事内容については企業間の差があまりなく、説明会やＯＧの雰囲気が、接しやすく落ち着くものであったことが、特に1行を志望した理由として語られている。一方で就職先の保険業の企業については企業研究もしておらずあまり情報がなかったという。

リン （就職先企業についての企業研究は）ないですね。（企業規模が）小さいのでホームページもそんなに、色々載ってたわけじゃないんで。で説明会に行っただけっていう感じで

――説明会の時の雰囲気はどんな感じでした？

リン 説明会は、特にほかの会社とそんな変わりはないかなっていう

しかしその後選考が始まると、当初はそれほど強く志望していなかった保険業の企業の志望度が上がったという。リンは面接でなされる質問の内容の違いが、志望度の変化に関わっていたと語る。リンは、就職先企業の面接の質問内容について以下のように語る。

リン 志望動機とかは一切聞かれなくて、で、ただ大学時代がんばったこととかは聞かれたんですけど、何がやりたいか、はまったくなく、まあそのがんばってきたことを含め、私自身がどういう人間なのかを見てくれたので、あとは、家族を大事にする人がいらしくて、後々分かったんですけど、家での様子とか家族のこととか、そういうのも質問されて。なので、私はやっぱり働き方としては、ほんとにキャリアウーマンというよりは、家の方に重点を置きたかったので、自分の理想っていうか、それとも合ってたっていうのもあって

ここでは、志望動機や入社後にやりたいことについての質問がまったくなく、人柄をはかる質問が多かったことが語られている。特に家族についての質問が多く、家庭を重視する働き方を希望していたリンにとって、企業への適性を感じさせることになったという。逆に銀行業の企業の面接については以下のように語っている。

リン　（銀行で多くされたのは）何がやりたいのか、どこの部署のどういう仕事がしたいのか、っていう質問で。でも何の仕事がしたいかっていうよりは、私はどんな風に働きたいかっていうのは、ちゃんと考えてたので。やっぱり何がやりたいかっていくらその説明会とかホームページ見ても、やっぱりその誰もが知ってるうわべのことしか、分からないので、そこから自分のやりたいことを見つけるって言われても、そうなかなか

これらの企業の面接では対照的に、入社後にやりたい仕事や、希望する部署などについての質問が多く、仕事ばかりにコミットする働き方を目指さないリンにとっては、企業との相性の悪さを感じたという。またリンにとって、仕事内容は入社以前には分かりにくく、それを答えることも難しかったという。

リンは、仕事内容に強いこだわりを持ち、入社後もそれを重視する働き方をする個人がいることは承知しているが、自身はそうではないととらえていた。「もう何年以内にこれをして自分は起業するんだとか、すごい具体的に考えてる人とか、まあそういう人も中にはいると思うんですけど」と、このような価値観や働き方を認めつつも、自身は「いくら自分のやりたいことができても、人間関係とかそういうのがあってないと精神的にもきついのかな、って思う」と、仕事以外での家族などとの人間関係をより重視した働き方を希望していた。就職先の内定を得た時点で、選考を通過していた他の

都市銀行、地方銀行は概ね2次、3次選考の段階であったが、リンは志望度が高かった地方銀行1行を除き、それらを辞退し、地方銀行の選考を通過できなかったため、就職先を保険業の企業に決めた(12)。

これらの選考方法・基準による志望度変化の語りは、先に紹介したナギサのものとも類似している。ただし、そうした選考方法をナギサは主に企業の生産性のシグナルとして意味づけていたのに対し、リンは必ずしも生産性とは関連しない、自身の志向と企業の相性のシグナルとしての意味に重点をおいて語っていた。前者からは企業間に客観的な序列が想定されるのに対し、後者では企業間の序列はあくまで主観的なものとされる点が異なっている。もちろん実際には、学生は両者の意味づけを組み合わせている場合も多かった（初めに挙げたノブなど）。

以上、選考方法・基準が学生にとって持つ2つの意味（企業の職場環境や競争力のシグナル、そして自身の適性のシグナル）を紹介してきた。選考方法や基準についても、それが実際に企業の特徴をどの程度正確に表しているかは分からない。しかし先に論じた社員の様子と同じように、それは書面では得られない情報を提供してくれるものであり、かつ選考方法や基準は、学生にとって、知るためのコストがかからない（選考に応募する以上）シグナルであることから、それは多く利用されていたと考えられる。ただし選考基準は必ずしも学生にとって分かりやすいものとは限らず、このようなシグナルが利用されにくい場合もあった点には注意する必要がある。これについては次章で詳しく扱う。

むすび

本章では、企業側との相互行為が、学生の企業選択になぜ、どのように影響しているかを明らかにしてきた。

企業側との相互行為は、学生が予め定めていた希望条件に当てはまるいくつかの企業のうちどの企業を特に志望するかを決定する上でも、そもそも希望条件があまりない中でどの企業を志望するかを決定する上でも重要であり、さらにそれは事前の業種などについての希望を覆す場合もあった。ここからは学生の企業選択の基準の多元性がうかがえる。学生の企業選択の基準は、事前の「やりたいこと」や数値で表された企業の特徴や待遇だけではとらえきれない。それらの残余項を含んだ、自身の理想の将来像が満たされるか、自身に適性があるか、良い職場環境か、などについて、学生は主に企業側との相互行為の中から判断していた。社員の様子や、選考方法や基準は、これらを判断するための手軽に用いやすいシグナルであり、たとえ推測の正確性には多少の難があると認識されていても、それは学生の志望度に影響を及ぼしていた。これらの事象は、マッチングに対する学生側の納得が、企業側との相互行為を通じて形づくられることを表している。

ここからは2つの含意が導かれる。第1は、企業による学生の評価と、学生による企業の評価の対称性、第2は、就職活動のプラス・サム・ゲームとしての側面である。

第1の点について、本章で示した学生の企業選択の仕方には、企業による学生の評価の仕方との対称性が、多くの点で見いだされる。

第1に、信頼できる情報を少ないコストで調達するという課題（Spence 1973; Stiglitz 1975; 福井 2016）は企業と学生に共通するものである。社会的ネットワーク（パーソナル、あるいは制度的な）を用いることが少ない日本の大卒就職では、企業と学生は互いについての情報をあまり持たずに、それぞれ内的な吟味を始める。両者ともに、より妥当な選択を下すために、互いについての情報を求める。既に公表されている、一定の信用をおける情報（企業についての公開情報、あるいは学生の履歴書）も、参考にすることができるが、多くの場合、両者はさらに情報を求める。

課題の解決の仕方も似ている。それは対面的相互行為を通じて、である。もちろん、その場限りの対面的相互行為では、演技を通じて相手についての偽の情報をつかまされるおそれがある、というのも両者に共通する。それでも、対面的相互行為を通じてしか得られない質の情報があると考え、それを重視する点や、演技の可能性があることを前提としつつ演技に基づかない表出を見極めようとする点も、両者に共通している[13]。

第2に、選択の基準は一般的な形で定義することが困難である。様々な企業、あるいは応募者を通じてみると、仕事待ち行列も、応募者待ち行列も、一元的序列ではなく、応募者や企業によってその並びは異なっている。ある程度の重なりについて論じることは可能だが、それはあたかも一元的序列が現実にあるような錯覚を起こさせる点には注意しなければならない。

第3に、応募者の選抜は、企業のその時の採用状況や集まった応募の状況に左右される（小山 2010）のと同様に、学生の選択もその時点での可能な選択肢により左右される。このことからは、企業側の選抜と、学生側の評価が、独立でないということが導かれる。つまり学生の選択と企業の選抜は関連しあっており、その場その場の状況に応じて変化していく。

このように、企業と学生の間の関係には、多くの点で対称性が見られる。つまり、選考は、企業が学生を選抜する場であると同時に、学生が企業を評価する場にもなっているのだ。

一方で非対称性についても述べておく必要があるだろう。それは選考の相互行為上のルールにある、というのが本書の説明である。選考では、企業側は学生に自己ＰＲ（企業にとって学生の採用が合理的である理由）や、志望動機（学生にとって企業の選択が合理的である理由）の提示を要求する。学生はそれに応え、企業にとって自身の採用が合理的であることを説明する。一方で、岩脇（2007）や福井（2008）が論じたように、選考の場での会話の内容を決定する主導権を企業は握る（「指令的優位」）。そして企業から学生に対し、それまで得られた自己呈示をもとに、学生にとって当該企業に入社することがいかに合理的（あるいは非合理的）か、あるいは、企業側にとって学生を採用することがいかに合理的（あるいは非合理的）かについて、説明がなされることは稀である。また学生側からその点について質問がなされることも稀だ。つまり選考の相互行為は、概ね、企業が一方的に学生を選ぶ、という形でなされている。選考時の相互行為上のルールについては、一方向的選抜図式は確かに当てはまる部分が大きいのである。[14]

しかし、同時に、それはあくまで相互行為上のルールにすぎず、原理的なものではない。[15] 行為者の主体性一般の説明に一方向的選抜図式を適用することは誤りである。実際には、学生は選考の相互行為の過程を通じ、どの企業に入るべきかについての吟味を続けている。

つまり学生と企業の間の対称性と非対称性の両方を正確にとらえる必要がある。対称性は、マッチングの吟味を互いに内的に続けている点にある。非対称性は、相手に情報提示や説明を求めることのできる側やそのタイミングを限定する相互行為上のルール、そして得られる情報にある。福井（2008, 2016）や小山（2012）の定式化は、後者にはあてはまるかもしれないが、それを前者に一般化することはできない。

第2に、学生の内的な吟味を通じ形成される同意を「資本」としてみなす認識の仕方について論じる。これまでは、学生が自身にとってより望ましい企業がどのようなものかを吟味する中で、同意が築かれていくことを説明してきた。そこでは、望ましい企業へ就職することに対し、内的な吟味を行うことは手段としての意味を持つものであった。

しかし本章で提示した一部の語りからは、さらに内的な吟味をより妥当なものとする（選択の納得性を高める）ことそのものを、就職先如何に関わらず重視する態度が見いだされた。ノブの、行くつもりのない企業の説明を聞き、行かない理由を納得しようとしたという語りや、マイコの、将来困難に直面しても自身の選択に自信を持てるようになるために、就職先について現在しっかり悩んでおきたいという語りからは、この態度がうかがえる。

ここからは、選択の納得性が、それ自体として追求する価値のあるものであるという認識が見いだされる。この理由としては、選択の納得性を高めておくことは、自己物語を安定化させ、将来それが揺らぐことに伴う負担を予防するということが挙げられる[16]。内定獲得のため、あるいはより望ましい就職先の発見のために有用でなくとも、選択の納得性を高めることは重要だというわけである。ここからはゼロ・サム・ゲームではなくプラス・サム・ゲームとしての就職活動の像を垣間見ることができる。

最後に、本章が示してきたのは、学生の企業の選抜に対する批判が、マッチングに一定の影響を持つ事象だということだ。企業の選抜は、応募者の志望意欲や納得形成において重要であり、その相互評価の中でマッチングがなされていく。企業は学生を選抜するが、その仕方は学生により観察され、選択に活用されている。次章では、就職活動を双方向的な評価と納得形成の場と見た上で、学生がより具体的にどのような批判を行っているかを明らかにする。他方で本章では十分に扱えなかった、選考での企業側の指令的優位により生じる、情報取得の難しさについても論じる。

注

(1) 企業選択に影響する他の要素として、選抜に臨むのに要するコストが挙げられる。これは特に地方の学生にとって重要な要素であった。例えば交通費を支給する企業は、他地域の学生にとって応募しやすくなっており、逆に選考の回数が多いなど、コストが大きい企業は敬遠される傾向があった。ただし、親戚や友人が首都圏にいる場合はコストがやや軽減されるなど、個人差は見られた。

(2)　就職活動生が主体性を有すること自体は、福井（2008）、小山（2012）、などにより指摘されている。そこで指摘されてきたのは、企業の選抜基準を認識しそれに対応して自己呈示を操作する、というあり方である。しかしそれは、あくまで評価の客体という受動的な立場に押し込められた中での限定的な主体性にすぎない。本書は、評価主体としての企業―客体としての応募者、という枠組み自体が、学生の主体性を過小評価するものであり、応募者が企業を評価し選択する側面に注目することが、就職活動プロセスの理解、あるいは学生の支援といった研究目的にとって欠かせないものだと主張する。

(3)　この出会いは、特に就職活動初期については、個人が主体的に選ぶ側面だけでなく、情報や空間の配置に規定される側面も強いと考えられる。つまり、学生側の志望が定まっていない中で、「身近で知っている企業」との接触が多くなりがちだと考えられる。この意味で、本書は情報や空間の配置といった個人にとって外在的な要素の重要性を否定するものではない。それでも、そうして出会った後の企業への志望が強まるか弱まるか、においては本章で注目した企業側との相互行為が重要であり、またそれがマッチング結果にも影響していると主張する。

　さらに、様々な企業側との相互行為のプロセスを通じ、学生が志望を明確化させ、その後「単に身近」以外の理由で企業を選択するようになることもあるだろう。

(4)　本章で提示する学生の選択の語りの一部は、実は企業により「選択させられて」いるという見方も可能なものである。やや難解な表現となるが、本書は、企業と学生の選択が互いに独立してそれぞれ自由になされるのではなく、相互の選択が関連しあいながらなされマッチングにつながる、という見方をとっている。以下では、学生が選択しているという書き方をするが、それは学生が「実は自由に選んでいる側だ」と主張するものではなく、「選ばれる中で選んでおり」「選ぶ中で選ばれている」マッチングの構図やその具体的内容を示そうとするものである。それにより批判しているのはあくまで「企業が一方向的に選抜する」という図式であり、「選んでいるようで選ばれている」という理解は否定するものではない。

(5)　Stevens & Beach（1996）は、応募者がとる企業情報探索方略を「焦点型」、「探索型」、「場当たり型」の3種類に分類している。焦点型方略は、予め選別された比較的少数の企業の情報を集めるのに集中的に取り組むというもの、探索型方略は、より幅広い候補をとり、様々な情報源から情報を活発に集めるというもの、場当たり型方略は、受動的な姿勢で偶発的な出来事の影響を強く受けつつ活動がされるというものである。本章で提示した第1の類型は焦点型、第2の類型は場当たり型、第3の類型は探索型の方略とそれぞれ対応している。なお小菅（2020）は日本の大学生について、志望が明瞭な学生が焦点型、やや明瞭な学生が探索型、不明瞭な学生が場当たり型の方略を用いることや、探索型方略が多様な企業の情報収集と関連することを明らかにしている。

（6）ただし食品メーカーの説明会の時期には、併行してH社の内定者向け研修が行われていた。これについてマイコは次のように語る。

マイコ　やっぱり企業の文化が自分に合ってるなって感じたのがありました。…（中略）…決してサバサバしすぎているわけではなくて、すごく人をよく見てくれているとか。選考の時からも感じてたんですけど、そのバランスがちょうど自分には合ってるなっていう風に。企業のやり方がいいなって。あとそこで会った内定者の人も、すごい魅力的な人が多かったっていう意味でも、「ああ、この人達と働けたら本当に楽しいんだろうな」っていう風に

内定者研修を通じ、マイコはH社の「文化」を感じ、選考の時と同様に、そうした文化と自身の志向との一致を感じたという。また他の内定者にも魅力を感じ、H社の志望度は高まったという。マイコは、「その時は引っ張られそうになりながらも、『それ（H社）はそれ、でもこっち（食品メーカー）はこっちでまだ見ないとね』っていう葛藤が常に、ありました」「相当悩みました」と、H社にひかれつつも、食品メーカーについても同様に知ることで冷静に判断をしようと努めていたと語る。

（7）マイコは、上の語りについて、次のように補足し、仕事内容もまた重要である、としている。

マイコ　もちろん人が大事っていうのはそうなんですけど、だからといって、仕事内容はどうでもいいって

いうわけじゃなくて、やっぱりやってみたいっていう仕事かどうかは、もちろん最低条件はありまして。その上でどう選ぶかっていう時に

(8) マイコは、実際の研究の場では他の大学院生との役割分担などがあり、研究室でそれに触れることで、やりたいことだけでなく同僚や職場環境も重要であることを知ることができたと語っていた。

(9) 同様の語りは、他の多くの学生にも見られた。そこで共通して見られたのは、学生側の質問に答えない企業を、学生が低く評価していた点である。つまり、労働時間などを問う学生側の質問に対し企業側は答えないこともできるが、学生は「回答しない」という反応それ自体をもとに、社員と向き合わない企業風土などを推測し、こうした企業への応募を避けていた。

(10) ノブは、内定先の人事担当者の姿勢に感銘を受け、他の企業の選考を受け続ける選択肢をとらず、就職活動を止めたことについて以下のように語る。

ノブ　もしかしたらその人事がたまたま男らしい人だっただけなのかもしれないですけど、とりあえず男らしい人が1人いるっていうのはすごい大きかったです。かっこいいなって

ここでノブは、このような対応が、人事担当者個人の特徴を表すにすぎず、B社全体の特徴を表すとは限らないという可能性にも言及している。しかしノブは、それでもそのような社員が1人でもいるのは大きいと感じた、と語る。

(11) さらにアリサは就職後も、選考で抱いたS社の「人をちゃんと大事にしてる」、立場の上下にかかわらず意見を交わし合う、「過去にとらわれない」という印象は変わらず、S社に就職したことに満足していると語っていた。

(12) なおリンは、選考での質問内容に加え、これまで紹介したのと同様に、選考の丁寧さも志望度に影響したと語っていた。

リン　メガバンクだと、ブースに区切られてて、パッパパッパッと流れ作業みたいに進んでいくんですよね、

面接が。それが、ほんとに面接して下さる方も普通の社員の方で、ほんとにはやくまわっていくので、なんて言うんだろうな、面接って雰囲気じゃない、っていうのも変ですけど、ほんとに簡単に終わっちゃうっていう感じで、ほんとに決まり切ったこと聞いて、ですかね。で、実際今決まった、入ったところだけが、ほかと雰囲気違っていて、小さいというのもあるんですけど、最初から役員さんが面接して下さるんですよね。でゆっくり一人一人時間かけてくれたので、そこで、そこは保険だったんですけど、優先順位が上がったというか、志望が上がって、で進めた、って感じで

ここでは、都市銀行では役職を持たない社員が短い時間で多くの学生と面接していく形であったのに対し、就職先の企業では、役員が時間をかけて面接をしていたことから志望度が上がったことが語られている。

(13) 想像的権力の層と、構造的権力の層の2層構造（福井 2008）は、企業による学生の評価だけでなく、学生による企業の評価についても成り立っている。

(14) もちろん、選考以前の説明会などのフェーズでは、企業側は「自社の魅力」や「求める人材像」を学生に伝えることが多く、学生もこれらについて企業側に対し質問をすることができる。このように相互行為上のルールにおいては、学生の選択と企業の選抜は切り離され、学生の選択が先になされた後、企業による選抜がなされる、という形がとられる。

なおこれにより情報の質にも非対称性が見られるかもしれない。企業側が提示する（また学生が提示を求められる）情報はあくまで、多くの学生に当てはまる一般的な情報にすぎない。選考以前の段階なので、学生側の個別的な情報は企業側に伝わっておらず、企業はそれを踏まえた個別的な採用の合理性の理由や学生が適している理由を説明することはできないし、する必要もない。

これに対し、選考で学生が説明を求められるのは、企業側の情報を踏まえた上で自身が企業にとって適する人材である理由および、自身にとって企業に入社したい理由である。ここでは企業側の情報と学生個人の情報の両方を踏まえた上ですり合わせ、カスタマイズされた形で提示することが求められる。そして企業側から学生個人に対し、そのようなカスタマイズされた形で当該学生が適していることや企業に入社することが当該学

生にとって良い選択であることについてフィードバックがなされることは稀である。

(15) この区別は、現状の変化の可能性を考える上で重要である。もし選考では企業が選び学生が選ばれるというのを原理的な構造とみなしてしまうと、これを変化させることは不可能となる。しかしそれがあくまで相互行為上のルールだということを見抜ければ、それを変化させた別の選考のあり方を構想することが可能となる。この可能性については終章で論じる。

(16) もちろん、同意があることが、実際に、学生が語っていたような作用をもたらすかどうかについては、検証する必要がある。しかし重要なのは、少なくとも一部の学生がこれを求めて行為していたということである。

第3章

「こんな評価は嫌だ」
——学生による選考方法・基準の認識と批判

はじめに

前章では、学生が企業の選考方法・基準を、企業の特徴を表すものとしてとらえ、それにより志望度を変化させていることを示した。では、具体的にどのような選考方法・基準に対し、学生はどのような不満を抱いているのだろうか。これを明らかにすることは第1に、なぜ就職活動がしばしば学生にとって納得できないものとなっているかを示すことに、第2に、どのような選考方法・基準をとっている企業が学生に好まれているかの要素の1つを明確化することにつながる。

本章では、次の2つの問いに取り組む。第1に、学生はそもそも選考方法・基準をどのようなものとして認識しているか、という問いだ。学生の選考方法・基準の認識については、十分に説明されていない点がある。一部の調査は、学生が、企業調査で明らかにされた採用基準を認識しているとしている。[1] 一方、他の調査によれば、学生は採用基準を不明確だととらえているという（経済産業省 2005；東京大学教育学部比較教育社会学コース・Benesse 教育研究開発センター編 2012）。このようなズレはどのように説明できるのか。学生は、企業の採用基準をもとに企業を評価するということがどの程度できるのか。

第2に、認識した選考方法・基準に対し、学生はどのように批判しているのか、という問いだ。序章で論じたように、学生の不満は取るに足らないものとして、見過ごされてきた。しかし本章ではそれらの多くが、単に望む地位を手に入れられなかったことに対する恨みとして切り捨てられないことを示す。それは、地位が決定される選考が正当なものでないという批判としてとらえうるものである。第1章第4節で述べたように、人々の正当性の認識に根ざした批判を構想する上では、当事者の批判に注目する必要がある。そこには、就職・採用活動をよりよいものにするためのヒントが隠されていると考えられる。

本章では、上述の2つの問いに対し、対象者の、選考での採用基準に関する語りを分析することで答える。以下、第1節では、本章が分析枠組みとして用いるの「就職ゲーム」概念について説明する。第2節では、学生が様々な選考方法・基準の正当性をどのように評価しているかを描く。第3節では、学生が選考方法・基準を認識する上で直面する課題を描き出す。最後に結果をまとめ、それが前章や以降の章で取り上げる学生のあり方をいかに条件づけているかについて論じる。

1　分析概念――就職ゲーム

本章では、学生の採用基準の認識の仕方を示すために、分析概念として「就職ゲーム（job search game）」（Sharone 2014）を用いる。Sharone は、「求職者が就職活動をする際に用いる言説、実践、戦略」を「就職ゲーム」と名付けた。言い換えると、この概念は、学生が就職活動において何に留意し、何に努めるか、を表すものだ。Sharone は、それが求職者の認識であり、企業が実際に用いている採用基準とはズレがありうるとしている（Sharone 2014: 191）。このような概念は、「実際の採用基準」との一致を問わずに、応募者側の抱く企業の採用基準についての認識やそれに基づく批判を表すのにも適したものである。

Sharone はアメリカのホワイトカラー選抜、イスラエルのホワイトカラー選抜、アメリカのブルーカラー選抜について、それぞれ異なる「就職ゲーム」のあり方があることを示した。「就職ゲーム」概念の利用は、Sharone の扱った各事例と、本書が扱う日本の大卒就職の事例を、対比させて描くことを可能にする。そこで次に、Sharone が提示した、各事例における就職ゲームの内容について、まとめておく。

Sharone はアメリカのホワイト・カラー失業者が従事する就職ゲームを、「ケミストリー・ゲーム（chemistry game）」と呼ぶ。彼らは自らの保有する資格やスキルよりも、採用担当者との心理的つながりを直接築けるかどうかが、採否を決定すると考える。このような認識のもと、彼らは自己紹介を事務的なものではなく、相手の関心をひきつけるものにしようと練習を重ね、履歴書では内容だけでなくその美しさや添え状に気を配る。書かれる内容も、資格やスキルだけでなく、読み手とのつながりを築く個人的なストーリーがよいとされる。まとめると、彼らは自身のスキルというよりも、その背後にあるパーソナリティを提示することで採用担当者と心理的つながりを形成することを重視する。また公募よりも個人の紹介による就職が多い中で、彼らは見知らぬ他者ともネットワークを築こうとし、そこでもやはり相手との心理的つながりを築くことが重要になる。このようなゲームは、求職者側の行動により結果が変わるものであり、求職者は初めは熱意をもって取り組むが、一方で選考結果が思うようにならないと、次第に自身を責めるようになるという。

これに対しイスラエルのホワイト・カラー失業者が従事する就職ゲームを、Sharoneは「スペック・ゲーム（specs game）」と呼ぶ。イスラエルの採用選考では、知人経由の紹介は逸脱とされ、公募と試験による就職が主である。さらに面接は企業が外注した採用請負企業のスタッフにより、教育資格、職歴などの客観化された資格や経歴のチェックリストに沿って形式的に行われる。彼らは個人的な親近感を高めようとすることを無駄ととらえ、自らの保有する資格や経歴を伝えることのみを心掛ける。プレイヤー側の行動が選抜結果を左右することが少ない中での彼らの主な戦略は、できるだけ多くの求人を見つけそれに可能な限り応募するというものである。彼らは評価されるのはあくまで、パーソナリティなどではなく表面的な資格や経歴だととらえており、選考結果が思うようにならない時も、それが人物の全体を評価しない選抜のあり方や厳しい雇用状況など、社会のせい（自身のパーソナリティのせいではなく）だと解釈する。

最後に、アメリカのブルー・カラー失業者が従事する就職ゲームは「勤勉ゲーム（diligence game）」と呼ばれる。その経験は同国のホワイト・カラー失業者よりも、イスラエルのホワイト・カラー失業者のものにより近い。彼らにとって重要とされるのは、採用担当者との心理的つながりの構築ではなく、従順で勤勉であるという印象を与えることである。見知らぬ他者とのネットワークづくりではなく公募を探すのが活動の中心であること、履歴書の美しさは問われないこと、必要とされる感情管理があくまで表層的なものであること、応募者の事前準備が結果にほとんど影響しないととらえられていることは、スペック・ゲームと類似している。選考結果が思うようにならない時、責められるのは、厳格な採用を行う企業であるという。

同国内でも階級により求職体験が異なること、およびアメリカのイスラエル人失業者が他のアメリカ人と類似の求職体験をしていることから、Sharoneはこれらの違いが、国の文化というよりも、選考の相互行為のあり方や、選考対策を記した自己啓発本や支援者の言説の違いにより生じるのだとしている。つまり就職ゲームは、特定の労働市場における選抜の相互行為や言説（これをSharoneは労働市場制度と呼ぶ）と、応募者側の（より主観的な）経験を結びつけ説明するものである。

これらの事例における就職ゲームのあり方を踏まえた上で、以下では「就職ゲーム」概念を用い、日本の大卒就職における学生の採用基準の認識のあり方を分析する。ただし、Sharoneは、ある特定の労働市場制度のあり方には1つの就職ゲームが対応するものとして、説明を行っていた。しかし日本の大卒就職の事例では、採用基準についての認識が、学生により、また同じ学生でも選考によって異なり、1つの主流のゲームに還元しにくいという複雑なあり方が見られた。本章ではこれを表すために、いくつかのサブ・ゲームからなる複合ゲーム、という枠組みを用いる。

この複合ゲームというあり方は、特定のゲームに埋没し一元的な反応を示すSharoneの求職者とは異なり、特定のサブ・ゲームに基づく選抜の正当性を吟味し、それを選択に活かす前章で描いた学生の反応を可能とするものでもあり、日本の就職活動における応募者の反応の特徴を描く上で有用だというのが本章の見立てである。

2 学生が認識した5つのサブ・ゲーム

Sharone（2014）は、アメリカのホワイト・カラー就職ではケミストリー・ゲーム、イスラエルのホワイト・カラー就職ではスペック・ゲーム、アメリカのブルー・カラー就職では勤勉ゲームが見られるとしたが、日本の大卒就職では、どのような就職ゲームに学生は従事していたのか。これに答えるには、就職ゲームの内容が、必ずしも一元的でないということから出発しなければならない。実際に学生が経験していた選抜は、企業ごと、さらに個々の選考ごとに、どのようなゲームが顕在化するかが異なっていた。また、事前の準備の仕方や結果の解釈の仕方も、すべての学生に共通のものが見られるというよりも、学生ごとに、また企業や選考ごとに、異なる認識が現れていた。この点がSharoneの挙げた諸事例との違いである。Sharoneは、それぞれの事例においても多様な選考方法が見られるものの、特に重要なものとされる「主流の」ゲームの認識が、それぞれの事例に見られるとしていた。例えばアメリカのホワイト・カラーでは、筆記試験などもなされるが、特に顕在化しやすいのはケミストリー・ゲームの認識であるという。これに対し、本調査の学生の語りでは、学生ごと、あるいは選考ごとに、多様なゲームの認識が見られ、特定のゲームを「主流の」ものとみなすことはできなかった。

とはいえ、企業の選考の仕方に対する批判の語りでは、より具体的に選考の仕方が表現され、その正当性について議論がなされていた。これらのより具体的な、特定の選考の仕方についての認識は、複合ゲームを構成するサブ・ゲームとして位置づけられる。学生の、選考方法・基準の正当性に関する価値的な態度についての語りからは、Sharoneの挙げたスペック・ゲーム、ケミストリー・ゲーム、従順ゲームに、コミットメント・ゲーム、スキル・ゲームを加えた5つのサブ・ゲームが見いだされた(2)。

以下では、各サブ・ゲームについて、まずその内容を説明した後に、選抜の正当性についての学生の語りを紹介する。

(1) スペック・ゲーム

多くの学生が、企業は学校歴や専攻のような履歴書上の情報に基づき学生を選抜する場合があるという認識を示していた。学校歴に基づいた選抜の可能性は、企業の採用実績や説明会に申し込めないことからも応募以前に推測されていた。さらにスペック・ゲームの認識は、応募以前や書類選考だけでなく、その後の選考段階でも見られる場合があった。例えばテルコ（東北、大学入試難易度中位、女性）は、短時間のうちに終わり、何が評価されているか分からなかった1次面接を通過した際、結局学校歴が重要だったと推測し、最終選考も通過できそうだと感じたと語っていた。

スペック・ゲームを正当と感じるかどうかは、スペックの内容が職務上必要とされる能力と関連するかどうかの認識に左右されるものであった。学校歴については、それが当人が努力できるかどうか（「頑張り」）を表すものでありそれに基づき選考を行うのは妥当だという認識も見られた。他方で、それがすべてではなく当人の他の特徴を含めて評価する必要があるという批判も見られた。

このように学校歴に基づく選抜についての学生の評価は両義的であったが、学校歴以外の情報については、それをもとに採否の評価をするのは不当だという批判が多く語られた。

例えばリカ（首都圏、大学入試難易度上位、女性）はA語専攻であったが、志望度の高かったメーカーの一般職の面接で、履歴書上に記した専攻について、自社では役立たないと面接官から伝えられ不採用となったことに対し、納得できなかったという。

リカ　面接の中でA語をアピールしたことは1回もなくて、ただ履歴書に留学したっていうことと、資格欄でこれだけ資格ありますよ、っていうことは一応書いたんですよね。そうしたら、そこを全然アピールしてないのに拾われて、そこを突っ込まれて。…（中略）…落ちた時は、A語がネックになって落ちたのがすごい悔しくて、企業は何も私のことを分かってくれてない、じゃないですけど、私の言ってる内容じゃなくてその紙の情報だけ引っ張ってきて自分の偏見だけで判断さ

れたっていうのがすごい悔しくて、ムカついてました

この例では、自身がアピールしようとしなかった、A語の専攻や資格から、低く評価されることに対し不満が生じている。リカは、これらのスペックではなく、自身の他の特徴全体に基づき評価をして欲しい、と考えていた。

このようにスペック・ゲームの正当性については、当該の情報が職務上必要とされる能力（「努力できること」などと表現される潜在能力を含む）と関連する限りにおいては正当とされ、そうでないとされる場合は不当と解釈されていた。

（2）ケミストリー・ゲーム

一方で、Sharone（2014）がアメリカのホワイトカラーに見られるとした、面接や応募書類を通じ、採用担当者との心理的つながりを築くことが重要だというケミストリー・ゲームの認識は、日本の就職活動でもみられた。学生はエントリー・シートについては、単に事実を書くというよりも、読み手がイメージしやすいエピソードや趣味・特技を書くようにしたり、就職課の職員からそのようにアドバイスを受けたりしていた。これは多くの就職活動対策本にも記されていることである（牧野 2012: 122-4）。学生は面接でも同様に、話す内容だけでなく話し方が重要という認識のもと、面接官によい印象を与える話し方をするよう努めていた。例えばトモノリ（東北、大学入試難易度中位、男性）は、面接で意識したことについて以下のように語る。

トモノリ　自分で考えてきて言いたいことを言うんじゃなくて、分かりやすいことを言う、みたいな。面接官が一番分かりやすくて、それでいて情熱を感じるもの、みたいな。結局一言でいえば

印象の良くなるものを言ってこい、っていう風な方針で面接してました

ここでは、面接官に理解されやすく、印象が良くなることを発言することを、自身が本来言いたいことを発言することよりも重視したことが語られている。

また、面接で語るエピソードについて、実績の内容そのものというよりも、自身がどのように考え行動したか、という、主体としてのあり方を伝えるのが重要だという認識のもと、企業との相性の良さが伝わるように努めたという学生も多くいた。これらの認識は、就職活動対策本にしばしば見られる「大事なのはあなたが何をしたかではなく、どのように行動したかを伝えることです」あるいは「話す（書く）内容だけでなく、話し方（書き方）も重要です」といったアドバイスとも合致する。

ケミストリー・ゲームでは応募者と面接官の心理的つながりの構築が重要とされるが、純粋な選抜（応募者側の真の特徴が測定・評価される）として見た場合それは、応募者の内在的特徴の内容（が入社後の活躍と結びつくか）、および応募者側のそれを伝える技能、の2層の評価が組み合わさる構造となっている。それは公式に提示されることの多い、人物評価と、コミュニケーション能力の評価、に対応しているだろう。

しかしSharoneの就職ゲーム概念が有用なのは、学生の認識と戦略について、上記の公式の選抜の定義に沿うものだけでなく、選抜の実態に即したものも記述できることだ。具体的には、「要は面接官にウケればいい」あるいは「人物像はウソでも構わないし、少なくとも分かりやすく編集するのは必須だ」というような認識や戦略を記述できるのだ。それにより、そうした非公式的な面も含んだ選抜の実態（上の場合は特に公式に提示される「人物評価」が成り立たなくなっている）[3]を理想的な選抜と対比させつつ語られる批判をとらえることができるようになる。そこで次にケミストリー・ゲームに対

する学生の批判を見ていこう。

ケミストリー・ゲームは、質問の仕方やかけられた時間により、自身の特徴について面接官側によく伝わったと感じられるような場合には、正当とみなされる場合もあった。例えばサダオ（首都圏、大学入試難易度上位、男性）はある人材サービス企業の選考について、「自分がどういう人間かというのを聞いてくれて」「掘られてる感じがあって。どういうことがあったの？　って。その時どう思ったの？ってていうのが結構詰められて」とした上で、不採用となったものの結果に納得がいき、また選考を受けられたことに感謝していた。

一方でケミストリー・ゲームについての学生の批判は、次の3点にまとめられる。第1、第2の点は、面接官や選抜の仕方の特徴により、応募者側の特徴が面接官側に伝わらなかったり正しく評価されないことに関するもの、第3の点は、心理的つながりの構築の技能の評価の比重が大きくなりすぎることに関するものである[4]。

第1に、ケミストリー・ゲームでも、時間の制限や面接官の特徴によっては、応募者の特徴が十分に伝わらなかったり正しく評価されない、という批判がなされていた。ハジメ（首都圏、大学入試難易度中位、男性）は「面接官との相性がでかすぎます、就活。合う合わないがでかすぎる」として、面接官ごとの評価の違いが大きいことを批判していた。ハジメは、自身について面接官にしっかりと伝わるように話すことができればよい、と考えていたが、それでもその達成は自身の能力だけでなく面接官側の特徴に依存すると語っていた。

ハジメ　こっちは頑張って伝えようとしてるけど、聞く側がどうなのってことは何回もあったし。話す聞くがあってコミュニケーションは成り立ってるんだから、聞く側がそういう風にしてくれないとっていう。こっちは頑張りますよ、どんだけ準備してると思ってるんですか、っていうのはマジ思った。聞く側のバイタリティみたいなものが、まあ僕は確実に差別化しようと思って行ってるんで、僕が変なのかもしれないけど、向こうのバイタリティみたいなのがよく分かった。こっちがちょっと変なことを言ったとしてもそれを受け止める能力があるかどうかっていうのが、歴然と分かる

ここでは、面接官に自身のことをしっかりと伝えられるかどうかは、応募者側だけでなく、面接官側の特徴（ここではさらに「能力」と踏み込んだ発言がなされている）による、という考えが示されている。ハジメは、応募者側（少なくとも自身）は周到に準備をするのであり、自身についてしっかりと伝えられないのは応募者側の準備不足のせいではないとする。そして準備した自己呈示に対し強い関心を示す面接官もいた一方で、ほとんど関心を示さない面接官もいたという。

またハジメは、面接官との相性の良さは職務能力と必ずしも関連しない、と主張する。

ハジメ　よく言うのは、会社側は、別に相性があるってことは理解していて、会社側は優秀な人達をまず面接官としてたてる、と。でその人が相性が合うなって思った人は自分と同じタイプだから同じ階段を上らせればよくなる、っていうのがスタンダードらしいですね。別にそれはそれでいいけど、けどそうじゃないこともありえるよね。だって25年働いてるおじさんと、０年の学生は時代も違うしって話があるじゃないですか。ここ5年でも（社会や必要な人材は）相当変わってるはずだから

ハジメは面接官との心理的なつながりを築けるかどうかと、職務上必要な能力との関連について、企

業側の結びつけの論理を先取りしつつそれを否定している。ハジメが「よく言われること」として取り上げるのは、企業も面接官と応募者の相性が重要になること（ケミストリー・ゲーム）は把握しているが、面接官として優秀な人材を選んでいるので、同質性の原理（優秀な面接官との間で心理的なつながりを築けるような者も、恐らく優秀である）に基づき能力が秀でていることが推測できるだろう、という論理である。これに対しハジメは、同質性の原理が成り立つとしても、時代によって必要となる資質は異なることもあり得ると反論している。ハジメは、面接での面接官との相性に基づく評価を、それが応募者だけでなく面接官側の資質により左右されることから正当な評価方法とみなしていなかった。同質性の原理についても、無効な場合が多く、優秀さを保障できないとみなしていた。

第2に、学生が面接官に語るエピソードについて、特に面接官側が虚偽を見抜けない場合は選抜が不当なものとなるという批判が見いだされた。サキ（首都圏、女性、大学入試難易度中位）は、就職活動で最も辛かった点として、自身というよりも周囲の学生について正当な評価がなされていないように感じられたことを挙げていた。

サキ　友人のBが委員会で責任者みたいなことをしていて、主導で考えて、こういう風に変えた方がいいよね、って改革して、赤字を黒字に転じたんですよ。それを別の、指示だけ聞いて、むしろ委員会とかもあまり出なかったような人が、私が黒字に転じさせました、って自分の手柄みたいに語っていたらしくて、でまあ大手に就職が決まってて、ええー、いいのそれ、ウソじゃん。ちょっと悪癖を持っている友達が大手決まってたりとかして。まあ大手がすべてじゃないですけど、時期とか、やっぱり認められてるっていうのがあったので、え、それでいいの？　ウソついていいの？　その頃はドロドロしてました。結局うまく言えた者勝ちなんじゃん、みたいな。本

当に企業は評価してくれてるのか。私がもし人事担当だったらあの子を採るのに、なんでこの人が採られたのか

ここでは、自身の周囲で、実際に主体的な行動を起こしていた学生が内定を得られず、当時その様子を見ており、それをあたかも自分が行ったかのように語った別の学生が内定を得ていたことを知り、企業の評価に疑問を感じたことが語られている。このように、企業への適性が応募者側が提供する情報をもとにしてはかられるため、虚偽の自己呈示の可能性が常にあり、それが見抜かれない場合、選抜が実際に「人物評価」に沿わないものとなる、という批判が見られた。もちろん企業側も追加質問による掘り下げを行うが、学生も例えば実際に間近で見聞きした他者のエピソードを用いるなど対策をとりうるというわけである。

第1、第2の批判は、福井（2016）のいう相性の論理、および掘り下げによる信頼性確保、が応募者側に対しては、必ずしも正統化機能を果たしていないことを示している。

第3に、ケミストリー・ゲームで重要な、相手との心理的つながりの構築は、実際の業務で必要とされる能力と異なる場合も多いという批判も見いだされた。タツ（首都圏、大学入試難易度下位、男性）は「すごい頑張ってる人でもあんましゃべるのがうまくない人ってすごく不利じゃないですか。それは不公平だと思いますね」と語っていた。またトキコ（首都圏、大学入試難易度中位、女性）も以下のように語っていた。

トキコ　軽く、楽しませるような人はコミュニケーション能力があると見なされて、ちゃんと話してることは話していても、その内容が面白くなかったりかっちりしすぎていたりすると、あまりコミュニケーション能力がない、と見なされるのかな、っていう傾向になってて。上っ面だけ合

わせられる人が今の就活市場では有望な人材だとされているんじゃないかな、っていうのがあって。そういったコミュニケーション能力っていうのも確かに必要だな、とは思うんですけど、そこだけをそんなに重要視する企業ってどうなの？　っていう疑問はちょっとありましたよね

これらの語りからは、ケミストリー・ゲームで重視される相手との心理的つながりの構築は、入社後の業務能力と関連する場合もあるかもしれないが、それ以外にも業務上重要な能力はあり、それが十分にはかられない、という批判がみてとれる。

まとめると、ケミストリー・ゲームは、応募者側の特徴について面接官側によく伝わるととらえられた一部の場合は正当とみなされていた。一方で、主に時間の制限や面接官側の質問や解釈の仕方、応募者側の特定の技能により左右されるという点から、応募者の特徴が不十分にしか伝わらない（そして職務上必要な能力において部分的な面しか評価がなされない、もしくは誤って評価される）可能性が認識されており、それにより不当とみなされる面も見られた。

（3）従順ゲーム

ケミストリー・ゲームの認識は、採用担当者との間に心理的なつながりを築き、相性の良さを感じさせるのが重要だというものであったが、ここでの心理的つながりというのは水平的な関係におけるもの（親近感、将来の同僚としての望ましさなど）である。これに対し従順ゲームは、上司―部下のような垂直的関係の中での、従順さがはかられるという認識に基づく。ケミストリー・ゲームでは採用担当者との間の何らかの共通性が強調されるのに対し、従順ゲームでは、採用担当者との間の立場の差異が強調される。そこで戦略的に呈示されるのは、規則、慣習、要求に反抗せず、これを守ることので

きる人物像である。こうした人物像は、自己PRや志望動機の内容、面接や説明会での服装、態度を通じて呈示されていた。

ケミストリー・ゲームにおいて応募者のパーソナリティが積極的に呈示されるのとは対照的に、従順ゲームでは、慣習（例えば就職活動をする学生は黒色のリクルートスーツを着用すること等）に従うことが重要とされ、他の学生との違いは抑圧される。Sharone は、ケミストリー・ゲームでは、自身の個人としての特徴や嗜好を表出させ社員との心理的つながりを築く「自己主体化」が求められるのに対し、スペック・ゲームや勤勉ゲームでは、逆に個人としての特徴や嗜好などを表に出さず、規律に服す統制された自己を呈示する表層的な感情管理が求められるとする。従順ゲームについてもこれが同様に当てはまる。

従順ゲームの認識の典型例として、コウジ（首都圏、大学入試難易度上位、男性）の語りを挙げよう。彼は選考で心掛けたこととして、一方では様々な活動を自主的に行う主体性を強調した（これはケミストリー・ゲームの一環ととらえられる）が、他方でそれが行き過ぎないように注意したとして、「主体的とか言ってるけど素直」である印象を与えるように気を付けたという。以下は「素直さ」についての詳しい語りである。

コウジ　言うことはちゃんと聞きますよ、僕は、みたいな

――　変にひねくれてないっていうか

コウジ　でも従順すぎないよ、みたいな。自分でもちゃんとやるよ、みたいながいいな、みたいな。変な質問なんですけど、大体そういう風にしようと思った理由は

コウジ　そういう若者が好きなんだろうって思って、そういう風にしました。ぶっちゃけ。やっぱ

り自分から見ても、まあそういう後輩がかわいい。ってやつが一般的じゃないかと。やっぱり従順すぎるっていうのも気持ち悪いですけど、まああまりにも自己主張が強すぎるのもまあ難しい、みたいな

――こんな後輩欲しいな、みたいな

コウジ　まあこういう後輩とか都合がいいだろう、みたいな。そういう感じです。普通に考えて誰でもまあ。まあ別に。まあ普通に考えたらそういうやつがかわいいと思うんじゃないか、と（笑）

ここでは、主体性を持ちつつも、自己主張が強すぎず言われたことを受け入れられる人物としての自己呈示が図られている。その理由としては、そのような後輩が誰からも好まれるだろうという推測が語られている。もちろん行き過ぎた従順さは「気持ち悪い」として、ケミストリー・ゲームにおいて障害となりうるととらえられている。また従順さだけでなく主体性も併せて重要ととらえられているのは、ホワイト・カラーの仕事の質に対する予期を反映していると考えられる。このようにコウジは、単に従順さのみをアピールしているわけではない。しかし一定の従順さを持つ好ましい後輩としての自己呈示は彼の戦略の重要な一面である。またコウジはこのような自己呈示を、一般的に企業から求められるものとしてとらえている。

面接官との心理的つながりを築くため個人としての特徴や主体性を押し出すべきだというケミストリー・ゲームと、これらを抑え従順さを印象付けようとする従順ゲームは、相反する論理に基づいている。学生はそれらを部分ごとに組み合わせていたが、しばしば特定の部分でどちらを優先すべきか悩んでいた。例えば、ソウタ（九州、大学入試難易度下位、男性）は、他の学生と異なる服装をすることで、自身のパーソナリティを印象付けようと考えたが、一方でそうした服装をすることについて不安

も感じたという。

ソウタ　就職活動中に自分が意識をしたといいますか、大切にしたことは、人と違うことをやろう、と思ったんですね。これはちょっと自分の良くないことかもしれないんですけど、例えばスーツですね。スーツはまあ、周りの就職活動生を見てみると、まあ悪く言えば喪服みたいなスーツばかりだったんですね。でネクタイもありきたりな色ばっかりで。これじゃなんかみんなと一緒になってしまうな、って思ったんですね。だから自分はあえて紺色のスーツで、スーツも無地ではなく軽くストライプの入ったような感じで、ネクタイもちょっと、まあブランドでいうとCのオシャレなネクタイで臨んで。人と違う部分を見せつけようと思ったんです。で就職活動を行っている時に、やっぱりちょっとこれまずいんじゃないかな、って思ったんですよ、自分で、周りの人と違いすぎて

他の学生と異なる服装を通じた印象付け戦略は、ケミストリー・ゲームの論理に則ったものである。一方でそのような服装をすることは、従順ゲームの論理では、画一的で従順な印象を与えないため、よくないものとも考えられる。服装は、２つのゲームの論理が互いに対立しあう焦点となっており、ソウタはいずれのゲームの論理を優先させるべきかを迷ったという。学生は、２つのゲームを共に考慮しつつ活動を行っていることが多かった。

ハナ（首都圏、大学入試難易度上位、女性）は、インフォーマルな話し方が不採用の要因になったと考え、話し方をフォーマルなものに変化させていた。ハナは、リクルーター面談では表情豊かに面接官の関心を引き付けるというケミストリー・ゲームに沿った話し方の指導を受けていた。その後ハナは、志望度が高かった総合商社３社の初期の選考を通過することができた。しかし最終面接で３社とも不

採用となった。この理由については、従順ゲームに基づく解釈が示されている（次に紹介するコミットメント・ゲームによる解釈も含まれていたが後に紹介する）。

ハナ　（最終面接では）まず応接室に通されて、役員さん数名と人事部長が1人大体出てこられるじゃないですか。まあ重い雰囲気だな、とは思ったんですけど。たぶん1次、2次は現場の方なので、へらへらしててこんな感じでも、通ったんだと思うんですけど、やっぱり歳も上の方で役職もある方なので、もう少しかしこまって話せばよかったな、とは思います。自分をTPO（時と場所、場合）に合わせて変え切れなかったのが

ここでは、より年齢や立場の近い社員が面接官となる初期の選考と比べ、最終面接では立場や年齢が大きく離れた役員が面接官となっており、初期の選考ではインフォーマルな話し方でも通過できたが、最終面接ではよりフォーマルな話し方に変える必要があった、と解釈されている。同一企業でも選考段階の違いにより、いずれのゲームに則って行為すべきかが異なっていたという認識が示されている。

このように、ある企業のある選考で、どのような基準が重視されていて、どのゲームに則った行為が正しいかは、学生にとって実際の選考に臨むまで必ずしも明確ではなかった。従順ゲームとケミストリー・ゲームのいずれを重視すべきかは、学生にとって判断の難しい問題となっていた。

従順ゲームの正当性については、これを認める学生と認めない学生の両方が見られた。先に、面接にかしこまった態度で臨むことについての語りを挙げたハナは、ほかにも服装を周囲と合わせる必要があるという認識も語っており、それらに基づく選抜に初めは適応したいと思わなかったが、後にそれを「場に自分を合わせる」ことができるかどうかを試すものとして納得し、適応するようになったという。またハナは自身とは異なる、体育会系の部活出身者の様子を見て、そうした学生を自身が採

用担当者だったとしても高く評価するだろうと語っている。

ハナ　体育会は、評価されるんだな、と思いました。同じ就活生として話していても、もう礼儀正しくて、ハキハキしていて。自分が上司だったら部下にしたいな、って思うタイプの方が多いんですね。上下関係をきちっと経験されている。体育会強いな、って思いました

ここでは、垂直的な関係において適切な振舞いができる体育会系の学生を、自身が採用担当者であったとしても、部下として採用したいという考えが示されている。

一方で、従順ゲームに対しては批判的な見解も多く見られた。例えばハジメ（首都圏、大学入試難易度上位、男性）は、大卒就職にみられる従順ゲームについて「王様と奴隷ですか」と風刺し、グループ面接などで他の学生が社員に対して下の立場を強調するのに対し、自身はそれをせずに、グループ面接にほとんど通過できなかったが、そのようにして不採用となった企業に対しては、「大事なのは能力でしょう」とメリトクラシーの理念に基づき、批判していた。

また、従属的な態度は、学生が演出することが可能で、評価基準としては適切でない（ここでもやはりメリトクラシーの理念が参照される）という解釈も見られた。例えばサキ（首都圏、大学入試難易度中位、女性）は次のように語る。

サキ　普通に隣で話してて、「いやー緊張しますね」って話したら、「え？　でも別に適当にやれば」みたいな子が、面接の時になったら、「はい、私は！」とか変わってて、え、なんだよそれ！みたいな。なんか騙した者勝ちみたいなのは辛かったです

ここでは、学生同士で話す際はいい加減な態度をとっていた学生が、グループ面接の際には従順で、

意欲のあるような態度（これは後に紹介するコミットメント・ゲームにおける操作可能性と関連する）をとる様子が語られた上で、本人の特性ではなく演出された部分で評価がなされることに対し、評価の正当性に対する疑問が呈されている。

(4) コミットメント・ゲーム

以上の3つのサブ・ゲームはSharoneにより既に提示されたものだが、日本の大卒就職ではそれに加えて、異なるサブ・ゲームの認識も見られた。1つ目が、応募企業に対するコミットメントの強さが評価されるという認識やそれに対応した行為である。例としてセイヤ（首都圏、大学入試難易度上位、男性）の事例を見ていこう。

セイヤは、海外での長期の滞在歴があり、語学力などに自信を持つ学生である。彼は活動当初、選考時期が早いことを魅力に感じ、また海外での経験を活かすことができると考え、外資系コンサルティング企業に応募したが、選考を通じ自身の適性に疑問を持った。また海外赴任の可能性の低さや、他の応募者への印象の悪さを不満に感じ、その後は外資系企業への応募をやめ、日系企業を対象に就職活動をした。日系企業の中で彼は当初から大企業に絞って活動をしたが、「興味の幅が散らばってるというか、興味があるところがあまりない」として、業種ではなく給与や労働時間などの条件を主な基準として応募企業を選択していた。しかし応募企業の業種が多岐にわたったことについてセイヤは、選考通過につながらない無駄な応募が多かったと反省していた。以下がその理由である。

セイヤ　絶対面接で、「ほかどこ受けてるの」って聞かれるじゃないですか。で、D社（食品メーカー）受けてるんだったらE社とかF社（他の食品メーカー）とか受けてるんじゃないの、って。これを受けてないっていうと、あ、じゃ食品に興味があるわけじゃないのね、っていう。それは落ちるじゃないですか。まあウソつかなきゃいけないっていう。でそれぐらい散らばっちゃうと、業界研究っていうのもそんなにできない、しようがないので、結局浅い知識で武器を持たずに乗り込んで、まあ順当に抹殺されるという

――あ、そういう意味で無駄っていう。なるほど

セイヤ　業界絞れ、ってこういうことかな、って感じで。金融は本買って、１冊何回も読みなおして、知識頭に放り込んでやったので、保険とか結構残ったんですけど、でもほかはダメでしたね。やっぱり業界研究もしてないんで

面接では一般的に他の応募企業を問われ、そこで自身の関心の程度がはかられているという。また業種についての知識を十分に持たないと、面接での他の質問にも答えにくいという。こうした中で、業種を限定しない活動の仕方は不利であったと解釈されている。企業が応募者の関心の程度をはかる理由や、その仕方についてセイヤはさらに語る。

セイヤ　面接してる側もやっぱり熱意とか、内定蹴らないかどうかとかそういうこと気にするじゃないですか。本当にこの会社に興味があるのかっていうのはやっぱり見極めたいですよね、だから業界の知識持ってることもそうですし、業界の中でその会社がどういう立ち位置なのかっていうのが分かってる人じゃないとダメだし。志望動機を言う時に業界の中でなんでその会社なのか、って言わなかったら説得力ないんで。それもありますし、あとやってて思ったのはＯＢ訪問とか、あれもやっぱりＯＢ訪問１回もしてないってことは興味ないなこいつ、っていう風に絶対見られるので、するに越したことはないんですけど、ＯＢ訪問、色々な業界の所にパッパパッパ行って

ると、各企業に1人2人みたいな感じになっちゃうので、全然説得力ないんですよ。OB訪問しました、って言っても。その業界の人に何十人も会ってきました、っていうぐらいじゃないと。そこまでやれば、こいつ本当にこの業界入りたいんだっていうのが分かりますし。こいつは内定蹴らないだろ、って思ってくれるので

ここでは企業側が、自身の企業への入社意欲の高さや、内定を辞退し他の企業を選ばないかを重視するだろうという推測が語られている。そして企業は応募者の業界や企業についての知識、OB訪問の回数など、応募者の当該企業へのコミットメントの程度からこれらをはかる、という認識が示されている。

リクルーター面談で応募者の入社意欲の高さが重要となる理由についても、セイヤはリクルーター側の視点から推測している。

セイヤ 社員が会う学生って1人2人じゃないんですよ、結構色んな人に会うんで、その中でいいと思った人、要するにこの人は将来入ってくれそう、って人は上に上げるんですけど、最終的にその人が内定蹴ったら、学生を上に上げたリクルーター全員めっちゃ怒られるんですよ、しかも銀行とかだと、人事評価のところに×がつくみたいな。後々まで響く。だから、こいつここは第1志望じゃないな、とか、こいつほか行っちゃいそうだな、って思われたら、どんなに能力あっても上に上げてもらえないっていう

―― なるほどね。×つけられるわけだから

セイヤ だって自分が×つけられると思ったら、第1志望です！ って言う人、そっちの方を安心して採りますよね、っていう（笑）。だからそういうところも第1志望です、ってめっちゃアピー

ルしなきゃいけないんですけど、そのカラクリに気づかなかったので、まあ色々見てます、とか、他どんな所受けてるの？　って言われて、色んな所受けてます、とか適当なこと言ってたので。それで、ああ、こいつ本気じゃないな、って。面接で聞かれたことに答えればいい、っていうのが、あるいは向こうの攻撃をかわし続けてればいい、っていう考え方じゃダメだったな、っていう

ここでは、応募者が内定辞退をすると、リクルーターは役割を遂行できなかったことになり、リクルーター自身の評価にも関わるため、内定辞退をしないような応募者が選考を通過する、という考えが示されている。

セイヤは初期の選考で不採用となったことを受けて、自身の戦略を変化させその後の選考に臨んだという。

セイヤ　方向転換してからは、もうなんか俺は人格変えました（笑）。第１志望です！　みたいな。隙あらばアピールし、みたいな。絶対入りたいんす、みたいな感じで。損保は内定もらってるところから電話でフィードバックとか色々もらったんですけど、どういう評価を受けてたかで、「情熱家」とかなんか書いてあって（笑）。本気度がすごく高いとか、本当にこの会社に入りたいんだな、っていうのがすごい伝わってきました、とかって理由が書いてあって、やっぱ大事なんだな、って。わざわざノートに書くほどそんな大事なんだな、と。最終面接で行ったほかの企業とかでも「本気で語ってる感じがする」とか、そういうフィードバックがあって、あ、やっぱ大事なのそこかな、みたいな

ここでは、企業への入社意欲が高いことを積極的に面接官に印象づけようとしたことが語られている。また内定先からのフィードバックで、入社意欲の高さが評価されていたことを知り、セイヤは自身の戦略の正しさを感じたという。これまで紹介してきたセイヤの語りにおける確信の程度の高さも、フィードバックによる影響を受けている可能性がある。

以上、セイヤの採用基準についての認識やそれに対応した戦略をみてきた。このような、当該企業に対する志望意欲の強さがはかられるという認識とそれに基づく戦略を、コミットメント・ゲームと呼ぶ[7]。

次に、コミットメント・ゲームの正当性についての学生の認識を紹介する。学生のコミットメント・ゲームへの批判の根拠は以下の2つであった。

第1の理由は、コミットメント・ゲームとメリトクラシーの理念との間のズレにある。前章で紹介した、選考方法が志望に影響したというノブ（首都圏、大学入試難易度上位、男性）の批判を見てみよう。

ノブ　就活について思うことは、やっぱり能力と志向ってあるとしたら志向に寄りすぎてる。つまり面接で聞く問いが、あなたに能力がありますか、という問いではなくて、まあ要は志望動機に寄り過ぎている。なぜうちなんですか。本当に来ますか。あなたが志望動機を言うと、志望動機で激詰めしてくるんですよ。私はこれが好きです、に関して、本当に好きなんですか、で攻めまくられる、みたいな。それはもう僕の中ではかなり意味不明。別に、というかそもそも好きかどうかでもいいじゃん、って話だったので、使えるか使えないかでしょ、って思っていたから

ここでは、重要なのは能力であり、当該企業へのコミットメントは重要でないという考えが示されている。ノブは、「どれだけ行きたいかを問うのも、もしかしたら内定辞退を防ぐとか、そういう意味で

合理的なのかもしれない」としつつ、それは選抜の本質から外れているとしていた。ノブは、そうした選抜で不採用となった際、納得がいかなかったと語る。

ノブ 事前にどれだけ調べましたかって話なので。落ちるべくして、いやほかの受験者よりも劣っていたんだと認めることができないまま落ちてしまう。なんか心残りがね、みたいな。もしかしたら自分が内定してたかもしれない。事前にあと2時間調べていたら、その程度で内定をもらえたかもしれない、っていうのはあまり納得できないですね

第2の理由は、コミットメント・ゲームでは企業側がはかろうとするものと実際にはかられるものが異なっているというものである。ノリオ（九州、大学入試難易度下位、男性）は、特に学生が多くの企業に応募する中では、コミットメントの程度は面接で示されるよりも実際は低いと述べている。

ノリオ そもそも会社からしてみれば、採りたい人っていうのは、ほんとに自分の会社に情熱を持った、入りたいっていう人を採りたいと会社側は思ってると思うんですけど、学生側はたぶんほぼ全員そうじゃないですし、何十社受けようっていう前提自体がそもそも矛盾があるっていうか。……（中略）……まあやってる中で、僕は色んなとこの会社に、自分で作った情熱を言ってきましたけど、それを言うたびに、なんだかなあっていう風に思ってた節はあります

ここでは、企業側は学生の自社で働くことへの熱意をはかろうとしているが、それは概ね選考通過を目指す学生により「作られた」ものであるという認識を示している。そして自身でもそのような「作られた」熱意を選考で呈示していたが、志望動機などを企業に問われるたびに当惑を感じていたことを語っている。ノリオは自身の志望動機がどのようなものであったかについて以下のように語る。

ノリオ　正直言いますと、今の学生、まあ全員が全員じゃないと思うんですけど、やっぱ本当に複数社受けるので。まあー社ー社に、本当にこの会社に入りたいんだっていう動機はたぶんみんなないと思うんです。まあある程度テクニックみたいなのがあって、それに当てはめていって志望動機を作る、っていう作り方がたぶんみんな多いんじゃないかなって思って。その時点ではまあテンプレみたいなやつ、みたいなのを作って、まあ受ける時にその会社に当てはめるっていうやり方でやってました

ここでは、自身だけでなく他の学生の多くに当てはまるものとして、特定企業への自然な入社意欲が稀である中で、多くの企業については、基本となる型（テンプレ）を当該企業に当てはまるように修正するという「テクニック」により志望動機を構築していたことが語られている。コミットメント・ゲームでは、企業が実際にはかろうとするもの（真の入社意欲）ははかられず、別のもの（せいぜい真の入社意欲を装う技術）がはかられてしまうというのがノリオの認識である。

同様に、エントリーシートや面接で示される志望動機だけでなく、説明会の参加程度などについても、それが自然な企業への熱意に基づくとは限らないという考えが見られた。アキオ（首都圏、大学入試難易度上位、男性）は、他企業の説明会に何度も既に通い新たな情報が得られないと分かっていながら、説明を聞きたいからではなく、参加した実績を作る「スタンプラリー」として参加していたと語っていた。

（5）スキル・ゲーム

最後に、企業が直接的に、業務に必要な能力・技能をはかる選抜についての語りも見られた。

まず一部の企業は論理的思考力や知識をはかる筆記試験を初期段階の選考で実施しており、学生はこうした試験に向け問題集を解くなどの対策をとっている場合があった。また一部の企業で見られたインターンシップ型採用、実技試験（例えば、特定のシーンを想定して接客をさせる、など）、ケース面接（例えば、「日本の公衆電話の数を答えて」など、当人のパーソナリティや知識ではなく、論理的思考力そのものをはかろうとする質問）なども、企業が実務能力を直接はかろうとするものであると学生にとらえられていた。

スキル・ゲームについて、多くの学生はそれを正当なものと認めていた。この理由として、スキル・ゲームが、メリトクラシーの理念に合致していることが挙げられる。すなわち地位は当人の属性でなく能力によって決定されるべきものだ、という理念に対し、代理指標や別の基準ではなく実務能力そのものに基づく（と解釈される）選抜はよく適合するように感じられていたと考えられる。例えば、呼び込みを1日行うという実務試験を受けたサキ（首都圏、大学入試難易度中位、女性）は以下のように語る。

サキ　仕事を実際にやってみれるのは、マッチングが、実際に働いてやめないかどうか、みたいなのになりますし、良かったですね。ものによってはボロが出やすいと思うんですけど、ボロが出るってことは、合ってなかったってことだと思うので

ここでは、仕事で必要とされる能力に基づき評価されることは、当人の適性を判断できる、良い方法であると語られている。学生にとっても、適性不足が思わぬ形で露呈し不採用となるリスクもあるが、それでも入社後働き続けられるかなどを確認する手段になるのでよいととらえられていた。

また、ディベートによる選考を経験したトキコ（首都圏、大学入試難易度中位、女性）も、選考に通過

できなかったが、それを正当なものと解釈していた。

トキコ　Ｉ社だけ、ディベートの所があったんですよ。それは全然グループ・ディスカッションと違って、相手を論破することがあれなので、もうそんな上っ面とか全然なくて、あ、すごいな、って思ったんですけど、でも逆にそういう状態に慣れてなかったので、発言がほとんどできずに終わってしまって。で、ディベートの後にその同じメンバーでグループ・ディスカッションというか反省会みたいなことまで評価に含んでいたので、そういう方法っていうのはすごくいいんじゃないかな、っていうのは思いました

――そういうとこあるんですね、でも確かにディベートは慣れも要りますよね

トキコ　全然発言できなかったんですけど、でもなんか納得できるような感じでしたね。落ちても別に。そうですね。結構能力が歴然とするじゃないですか。この問題に対して、どう反論できるか、どう対応できるかっていうのが。なのでそれはなんか上っ面のコミュニケーションとかじゃなくて、本人の素質とか能力が試されてるんだな、という点では、すごい、納得できましたね。落ちたんですけど、でも

ここでは、論理的な主張を行う能力などが試されていたことで、不採用について納得できたと語られている（なお対照的に、選考結果を正当なものと感じられなかったというのが、面接やグループ・ディスカッションによる選考であるが、これについてはケミストリー・ゲームの項で記した）。また、対策や演技などによる操作の余地が少ない、というのもスキル・ゲームが正当と認められやすい根拠の1つと考えられる。これはその場において、事前には分からない企業固有の課題が出され、それに学生がその場で対応する、という実技試験やインターンについて特に当てはまる。先のセイヤ

の、ケース面接についての語りもこれに該当する。

ただし、試験の仕方によっては当人の実力が測られない、という語りも見られた。例えば筆記試験について、用意された会場で企業ごとに実施されるものについては試験結果は当人の能力を反映しているととらえられていたが、大手人材サービス企業による統一的な試験（テストセンター）や、インターネットを介し自宅等で受験する試験（ウェブテスト）については、学生の一部は、他の優秀な学生の助けを借りるなどしており(8)、こうした場合は、試験結果も当人の能力そのものによるものとは解釈されず、選抜が正当とはみなされていなかった。

まとめると、スキル・ゲームによる選抜は、メリトクラシーの理念に合致するものとして概ね正当なものととらえられていたが、それは選抜における不正（当該個人の能力を正確に評価できなくする行為）がなされないという条件が満たされる限りにおいてであった。

（6）学生による批判のまとめ

以上、5つのサブ・ゲームとそれに対する学生の批判を紹介してきた。これらをまとめると、表1のようになる。正当性についての認識について、○は正当とみなすこととその理由、×は不当とみなすこととその理由を表している。

まずSharoneが挙げた各事例と異なり、日本の学生は就職活動全体を、いくつかのサブ・ゲームの組み合わせからなるものとしてとらえ、準備していた。そこにはSharoneが挙げたケミストリー・ゲームとスペック・ゲーム、そして勤勉ゲームに類似した従順ゲームの認識がいずれも見られた。これとともに、新たに見いだされたのが、当該企業への志望意欲の強さがはかられるコミットメント・ゲームと、実務能力を直接試験するスキル・ゲームである。

表１　学生の認識した５つのサブ・ゲーム

ゲームの種類	評価基準	戦略	正当性についての認識	
			評価基準の正当性	正確な測定がなされているか
スペック・ゲーム	学校歴、専攻、保有資格、属性	資格取得、大学別採用実績を参考に応募先を変える	○（学校歴）潜在能力を示すもの ×職務で必要な能力と無関係な場合あり	○（語りなし）
ケミストリー・ゲーム	採用担当者との間の心理的つながりの構築、自身のパーソナリティとの相性	個性の強調、具体的エピソードによる印象付け、心理的つながりを築く表情あふれる話し方	○応募者の特徴を幅広く、深くとらえられる場合あり ×職務で必要な能力と関連しない部分が重視されてしまう場合あり ×個別の面接官との相性に左右される	△（面接でかけられた時間や質問内容による）
従順ゲーム	部下・後輩としての従順さ	態度・服装などによる従順さや慣習への適応の強調	○そうした後輩が扱いやすい ×他の要素の方が職務では重要	×演技が容易
コミットメント・ゲーム	当該企業への志望意欲	説明会への参加、OB・OG 訪問、企業研究、面接での熱意の呈示	×職務で必要な能力と無関係	×演技が容易
スキル・ゲーム	特定課題の解決に現れる技能・能力	特定課題の予行演習（特に筆記試験、ケース面接など）	○職務で必要な技能・能力を評価	△ウェブテストのみ不正の場合あり

出典：筆者作成。

では学生は、それぞれのサブ・ゲームを正当とみなしていたのか。1つ注意する必要があるのは、正当性の認識には学生による違いがあるという点である。これは企業により、どのような学生を選ぼうとするかに違いがあるのと同様である。ただし、先行研究がどのような選考方法がどのように批判されているかの大まかな傾向を探ってきたのと同様、ここでもどのような学生が選ばれるかについて、多くの企業に共通する傾向を示しておくのは有意義だろう。そこからは学生の認識と、企業の認識の間にどのようなズレがあり、それにより納得感の欠如が生じるかがとらえられる。

それぞれのサブ・ゲームへの批判をみると、学生による批判は主に2つの形式にまとめることができる。第1は、それが入社後必要な職務能力と無関係なものを測ろうとしている、というものであり、評価基準の内容についてのものだ。第2は、測ろうとしているものが正確に測れないというもので、評価方法の妥当性についてのものだ。

総じてみると、従順ゲームやコミットメント・ゲームは、学生が演技をするために学生の特徴をはかれず、また基準そのものが入社後の職務能力との関連が薄いという点で、学生には正当とみなされない場合が多くみられた。

対して、スペック・ゲームは、学生の演技によっては評価の妥当性が脅かされづらいとされていた。ケミストリー・ゲームについての認識は、個人や応募先企業によって分かれていた。これらにおいてはさらに、基準が職務能力と関連するととらえられるかどうかによって、学生の評価が分かれていた。スペック・ゲームは、学校歴については学生によって評価が分かれていたが、一般的にそれのみにより選抜することは不当とみなされがちであった。ケミストリー・ゲームにおいては、当人の特徴を包括的にとらえられるような場合は正当とみなされていた一方で、それが面接官の好みに左右されやすい・目につきやすい特定の一部分しかとらえ（重視し）ていないように感じられる時、中でもそれが入社後の職務能力と関連していないと考えられる場合、正当でないとみなされていた。スキル・ゲームについては、不正（替え玉受験など）ができる場合以外は、当人の入社後の職務能力をとらえられるものとして正当とみなされていた。

3 複合ゲームに従事するということ

前節では5つのサブ・ゲームの類型を提示することで、日本の大卒就職における学生の採用基準認識や、多様な採用基準の正当性についての認識を描いてきた。

しかし、この説明だけで、学生の採用基準認識のあり方を十分にとらえきれているとは言い難い。例えば、多くの学生が企業の採用基準が不明確だととらえていることが、質問紙調査により明らかにされている（経済産業省 2005; 東京大学教育学部比較教育社会学コース・Benesse 教育研究開発センター編 2012)。上のような説明では、このような採用基準認識の限界がとらえきれない。

こうした課題に応える上では、「複合ゲーム」の概念が必要である。

Sharone (2014) は、アメリカのホワイト・カラーではケミストリー・ゲーム、イスラエルのホワイト・カラーではスペック・ゲーム、というようにゲームの内容が比較的一義的に定まっている（応募者あるいは企業によって認識のばらつきがない）ものとして説明していた。確かに、社員との面接や知人の紹介が重要であり、面接練習や社会的ネットワークづくりが就職活動の中心を占める中で、心理的つながりの構築を主とするケミストリー・ゲームの認識が主流になり、採用請負企業の担当者が機械的に選抜を行う中でスペック・ゲームの認識が主流になるということは、理解できる。

これに対し本書の日本の大卒就職の事例では、選抜をめぐる相互行為も Sharone の提示した事例に比べ多様であり（「選考以前」の説明会参加やＯＢ・ＯＧ訪問、書類審査、筆記試験、グループ・ディスカッション、面接、実技試験など）、そうした中で、前節に記したような多様な採用基準についての認識が見いだされた。さらに、学生の認識では、それぞれの選考形態に、採用基準が一対一で対応しているわけでは必ずしもなく、特にエントリーシートと面接については、５つのサブ・ゲームの認識がすべて見いだされるものとなっている。このような意味で、日本の大卒就職では、学生は就職活動を通じてある１つのサブ・ゲームに従事しているというよりも、様々なサブ・ゲームからなる複合ゲームに従事している、というべきである。

複合ゲームというのは、具体的なサブ・ゲームより一層高次の概念である。それは、いくつかの採用基準の「候補」を認識しながらも、個々の企業や選考においてそれらがどのような比重で組み合わされているかまでは認識しづらい、という状況を表すことができるのが特長である。

複合ゲームに従事する学生の主体性の限界を描くため、さらにいくつかの語りを参照しよう。

第１に、個々の企業や選考で、どの採用基準が重視されるのか、というのは選考前には必ずしもうまく予想できない、という語りが見られた。第２に、選考を経験した後も、採用基準がどのようなものであったかが分からなかったという語りも見られた。例えばダイチ（九州、大学入試難易度上位、男性）は次のように語る。

ダイチ　面接はほんとに分からない、何が正解か。受かったと思ったら落ちるし、落ちたと思えば受かって。もう相手次第じゃないですけど。ほんと、４月前に対策はしたんですけど、そっからはもう、これ対策しようがなくねって。とりあえず答える、みたいな（笑）感じでした

ここでは、採用基準が分からず、選考が終わった後の結果の予想も当たらなかったことが語られてい

る。ダイチは、初め対策をしないで面接に臨み、3社で不採用となった後に、就職活動対策本の質問例への回答を2、3個作る、ということをしたが、その後は対策をとりようがなくなった、と語っていた。

さらに、選考についての相互行為上のルールが、採用基準の把握を難しくする。自力での読み取りが困難な採用基準について、選考後に採用担当者に対しフィードバックを求める学生は見られた。ただし、こうしたフィードバックの要望に採用担当者側がこたえることは少なかったという。学生は、選考での相互行為を主導する立場になく、この役割は企業側にあるとされるのが一般的である（岩脇 2007）。このことを福井（2008）は、「指令的優位」が企業側にある、と説明している。このことは、学生側が企業に対し採用基準について質問をすることを難しくする。

例えば、アヤネ（首都圏、大学入試難易度中位、女性）は、面接をなかなか通過することができず、キャリアセンターやハローワークでの面接練習をしても、特に改善点はないと言われ、どのようにすれば面接を通過できるようになるのかを知りたいと感じていた。そうした中で、アヤネは、説明会に何度も参加し、人事担当者とよい関係を築けていると感じた企業で、選考についてのフィードバックを求めたという。

アヤネ　そこは結構少人数というか受験者を絞ってたみたいで。その試験の日も、筆記試験やって、一時間ぐらい質問時間みたいなのがあって、割と、仲良くって言ったらあれですけど、こっちの話も聞いてくれるような感じだったので、まあ人柄的に聞いても大丈夫かな、って思って、メールでのやりとりだったので、「もし改善点とかがあれば教えていただきたいんですけど」みたいなことを言ったら、「まあ本当はここまで関わるべきではないのですが」って言って、一度だけ

返信下さいました
――あ、で教えてくれた
アヤネ　あ、でもなんか詳しいことはやっぱあれで、まあ文章もしゃべるのも、結論先に言ってください、って言われたので、たぶん私がダメだったのはそこ、前置きが長くなっちゃうのかな、って思ったんですけど、あと、その人が前にどこかで配った資料みたいなのを添付されてて、まあこれで、みたいな感じで（笑）

アヤネは、選考についてフィードバックを求めることは一般的には難しいと感じていたが、ある企業の人事担当者から、学生側との対話を拒否しない姿勢を感じていたため、選考後のメールのやりとりの中で、自身の改善すべき点を尋ねてみたという。これに対する人事担当者の返信では、まず、人事担当者としてそのように学生と関わるべきではない、という原則が示されている。これは、フィードバックの内容の限定性にも影響していたと考えられる。人事担当者は、結論から先に話すこと、というような、話し方についてフィードバックを与えた一方で、それ以上企業の採用基準に関わるフィードバックは与えず、一般的な面接についてのアドバイスを付け加えるにとどまったという。

このような語りからは、学生側から質問を行うなどして企業の採用基準を確かめようとすることは、相互行為上のルールに反するものでありそもそもしにくい上、採用担当者から返答をもらえることも多くない、ということが読み取れる(9)。

このように、採用基準の選考以前の予想や、選考の相互行為を通じた把握は、日本の大卒採用における選考のあり方（これは学生側からは、複合ゲームとして認識される）や、相互行為上のルールのため、限界づけられていたことがうかがえる。

本節では、単一のゲームとして表せない複合ゲームという認識のあり方を描いてきた。ここでは、特定企業の採用基準認識と、企業一般の採用基準認識の両方を取り上げたが、いずれにおいても、確信を伴う認識が得られたという場合と、認識が困難であったという場合の両方が見られた。選考での相互行為や直接のフィードバックから、個々の企業の採用基準が推測できたとされる場合も一部では見られたが、選考のあり方や相互行為上のルールから、それが困難であったとされる場合も多くあった。このように、複合ゲームにおいて、学生が個々の、あるいは一般的な企業の採用基準について、確信の程度の高い認識を得られるかどうかは、選考での相互行為、社員からのフィードバックの有無、どの企業の選考を経験しその結果がどのようなものであるか、により左右される偶発的なものであった。

むすび

本章では、学生の採用基準についての認識のあり方を分析した。先行研究では、学生の採用基準認識の内容が示されるのみであった。これに対し、本書ではインタビュー・データの分析を通じ、学生の採用基準認識の形式や、採用基準の正当性に対する認識について明らかにし、採用基準認識のあり方やそれに基づく学生の主体性についてより精緻な像を提示した。これは、本書を通じて議論する、学生側の選考での相互行為を通じた企業選択の現状の一部、およびその限界を示すものでもある。

第1節では、学生の採用基準認識の多様な内容と、学生がそれに基づく選抜を正当と感じていたかどうかについて、説明した。ここでは、学生側の認識のあり方を説明するために、Sharone (2014) による「就職ゲーム」概念を用いた。学生の語りからは、Sharone の挙げた事例とは異なり、就職活動における採用基準のあり方の多元性の認識がうかがえたが、それは5つのサブ・ゲームに分節化することができた。

学生の選抜の正当性についての認識は、選抜が次の2つの条件を満たしているかどうかと関わっていた。第1に、それがメリトクラシーの原則（職務能力に基づき地位配分がなされるべき）に即しているということ、第2に、一時的な対策や演技が評価に影響する余地が少ないこと、である。

これら2つの条件に即して、スキル・ゲームは正当とみなされやすかった一方で、スペック・ゲーム、ケミストリー・ゲーム、従順ゲーム、コミットメント・ゲームについて、学生は必ずしもそれに基づく選抜を正当とみなしていなかった（もちろん、何が職務能力と関連するかについては、企業による、あるいは学生による違いが見られた）。このような、選抜の正当性に対する疑問は、前章で論じた当該企業への志望意欲や、次章で論じる、不採用となった者の反応に関わる。

第2節では、学生の採用基準の認識の仕方と、現状における限界について説明した。第1節で紹介したように学生は様々な採用基準の「候補」を認識していたが、より重要なことに、実際の採用基準をこれらの組み合わせとしてとらえていた。こうしたあり方を、「複合ゲーム」と呼ぶことができる。学生は個々の選考での採用基準を前もって予想するのが困難であることや、選考の相互行為を通じても採用基準が何であったのかが必ずしも判断できないことについて語っていた。また一方向的選抜図式が当てはまるような相互行為上のルールがある中で、フィードバックを企業に求めることも難しいと語っていた。

複合ゲームに従事するというのは、第1に、採用基準が必ずしも一義的に定まらない中で、活動を行うということを意味する。もっともこうした中においても、学生は、書籍からの情報や自身の過去の選考経験から、様々な採用基準の「候補」を推測し、選考対策に活かしている場合があった。また自身の選考結果を参考にしながら、どの「候補」や特に重要であるかを推測しようとしていた。ただし、企業により採用基準が異なる可能性があるなど、このような推測がうまくいかないとする語りもやはり見られた。

このように、学生は採用基準について一定の確信を伴った認識を得る場合もあったが、それは選考の相互行為のあり方や、企業からのフィードバックの有無、そしてどのような企業に応募しどのような選考結果を得たか、といった条件に依存するものであった。

前章では、現在の日本の就職活動における学生側の主体性を示したが、本章では、それには一定の限界があることが示された。前章で示したように、学生は企業の評価基準を、企業の特徴を示すシグナルとして利用していたが、それはいつでも利用できるものとはなっていないことを、本章では示した。またその要因に、企業は学生の志望理由を尋ねられるのに対し、学生は企業の評価理由（選抜方法）を尋ねられない、という相互行為上のルール（非対称性）があることも示した。

ここまでで、日本の就職活動をとらえるための基本的な枠組みが築かれた。つまり原理的には学生と企業は対称な関係で選択しあうものであるが、現実には相互行為上のルールによる非対称性が見られ、それは学生側の主体性の足かせとなっている。採用基準は、現状でも学生の納得の形成に一定の役割を果たしているものの、それは潜在的にありえるよりは不十分な程度においてでしかない。

次章以降では、この枠組みを活かし、学生が就職活動で抱える2つの葛藤を描く。それらはいずれも、学生側の主体性と相互行為上の制約に着目することで初めて見えるようになるものである。またそれらが葛藤を引き起こすのは、学生側の選択の主体性を捨象する一方向的選抜の認識枠組みのもとで望ましいとされる高い地位の獲得という目的と、自身の選択が必ずしも一致しないからである。

注

（1）例えば、学生への質問紙調査で、選考で評価されたと感じた点を、複数の選択肢から自由に選択させる仕方で、岩内ほか（1995）や苅谷編（1995）は、多くの学生が、人柄や性格、熱意、体力・バイタリティ、学校歴を選択していた一方で、学業成績や専門知識を選択した学生が少ない（特に文系）ことを示している。また小山（2012）は、学生が、「求める人物像」通りの型にはまった自己呈示が評価されない点や、非言語的な情報も評価される点を見抜いていることを明らかにしている。

（2）ただしこの分類は、あくまで学生の評価方法・基準認識の多元性を描くこと、および評価方法・基準の正当性についての態度をより明確に描くこと、という2つの目的に沿ってなされたものであり、他の目的によっては異なる分類もありうる。

（3）次の点はSharoneは指摘していなかったが、学生はケミストリー・ゲームにおいて、応募側の伝える技能だけでなく企業側の選考の仕方（時間、質問の仕方）も影響するととらえていた（これはケミストリー・ゲームが自己帰責につながるというSharoneの議論と整合的でない面がある）。上記のように、ケミストリー・ゲームの認識において、初めに挙げた純粋な選抜としての像は、その一面でしかなく、自己帰責が典型的な反応と呼べるかどうかには疑問が残る。

（4）企業側の選考の仕方や応募者側の伝える技能が影響することが、一見個人のより全体的な理解に結びつきより正当であるかのような「非認知的特徴に基づく評価」の正当性を、現実（面接という形で試験がなされる場合）には揺るがす。

（5）なおこれはそれほど特異なケースではないと考えられる。本調査の別の対象者達からも、同様に身近で観察した他者の行為を自身の自己ＰＲとしたという語りや、所属する部活で先輩から後輩へと自己ＰＲやなされた質問と答え方の成功／失敗例が伝達され、自身もそれを用いたという語りが見られた。

（6）サキは、就職活動中にそうした「汚い」ことを考える自分に嫌気もさしたと語っていた。ここには、選抜の正当性を前提とした、被選抜者は選抜を正当な仕方で突破することに全力を尽くすべきだという努力志向の規範と、実際の就職活動で見聞きする選抜に（正当とされない仕方を用いてでも）適応すべきという考えとの間で葛藤が生じていたことがうかがえる。

（7）コミットメント・ゲームでは基準は絶対的であり、かつ特定企業へのコミットメントは基本的には誰でも抱きうるもののようであり、それに基づき選抜機能が果たされるとは一見すると考えづらい。

コミットメントがなぜ選抜機能を果たすように学生に感じられるのか、という疑問には、以下の3つの理由を組み合わせることで答えられる。第1に、学生が自然な形で、企業が求めるような特定企業への強いコミットメントを抱くことはそれほど多くないということがある。これは学生が特に戦略的な自己呈示をせず、自然な自己呈示をするという前提の場合に重要になる。

しかし学生は、たとえ自然な形で当該企業へのコミットメントを抱いていなくとも、あたかもそれを抱いているかのように演技する可能性がある。これに対し第2、第3の理由はそれが必ずしも行われない理由を示す。すなわち第2に、コミットメントの重要性が必ずしも選考以前から強く認識されていないということ、第3に、特定企業へのコミットメントは基本的には他の企業へのコミットメントを犠牲にするものであり、それによりコミットメントは希少財になるということ、が理由として挙げられる。

（8）テストセンターについては試験場で受験するため替え玉試験は不可能であるが、問題のパターンが限られており、複数回受験が可能なため、学生のグループで問題と解答を共有する仕方で、後半は見ただけで答えが分かるようにできたと、ある対象者は語っていた。

（9）一方、学生が特に求めなかったが、面接官から即時フィードバックを受けたというケースは稀に見られた。例えば、ある人材サービス業企業の3次面接についてサダオ（首都圏、大学入試難易度上位、男性）は次のように語る。

サダオ　（当該企業の2次面接で）落ちたと思ってて。で（3次面接が）急に来て、志望動機とかを考えてなくて。それで「志望動機それ飛んでるよ」って言われて。その後の質問の時も、「成績出る営業ってどんなことしてるんですか」って聞いたら、逆に、「どういうの必要だと思う？」ってすごい聞かれて。「これこれこういう力です」って言って、「それはそうだよね、そうだよね」って言われて5分ぐらい話した後に、

「それって5分考えるだけで答え出るよね」って言われて。「そうですね」って。質問悪かったな、って思って。というのがあったんで、それは、しょうがないかな、と。自分の面接スキルの足りなさとか、志望動機の甘さとかを気づいたので、それはそれで逆に自分では良かったなと思ってます

ここでは、志望動機の論理の飛躍や、サダオが尋ねた質問の質の低さを、その都度面接官から指摘されたことが語られている。サダオはこうした指摘は納得できるもので、自身の面接での課題を気付く上で役立ったとして肯定的に受け止めていた。また不採用となったにもかかわらず、当該企業についても社員の「頭が良い」と好印象を抱いていた。ただし、このようなフィードバックは偶発的で稀なこととして語られていた点には注意する必要がある。

第4章

「落ちたら負け」じゃない
――不採用が重なる際の葛藤と反応

はじめに

自分が参加しようとする選抜が公正でないように思われたら、どうするか？　直感的な答えは、抗議する、というものかもしれない。しかし抗議が、あまり意味のない選択肢のように映る場合はどうか？　そのような場合、個人はどのように対処するのだろうか？

本章で描くのは、ライフステージで主流の選抜をとにかく通過するべきだという考えと、前章まで説明してきた選抜に対する批判との間で生じる葛藤である。第1章で紹介したように、日本の大学生は卒業前に就職活動をすることが、安定的な雇用に就くために重要と考えられている。こうした中、選抜への批判があったとしても、それを短期間抑えて選抜に（少なくとも表面上）適応するのが得、という考えもある。これと関連し、乱暴であるが、選抜に対する批判を「逃げ」や「甘え」、すなわち応募者が一般に行うべき適応努力をしないことの自己正当化にすぎないとみなす見方もある。企業の選抜に対する批判を表明したり、企業を「選択」して自身の内定先候補を減らしてしまうことには、常にこのような抑圧や葛藤が伴う。これらをふまえずに、学生の「自由な選択」について論じても、就職活動のリアリティをとらえたことにはならない。

このような葛藤は、個別企業の選抜に対する批判においてもみられるが、そこでは減少する内定先候補の幅はある程度限定される。葛藤が特に先鋭化するのは、批判が企業の選抜全般に対するものとなり、就職活動の停止という選択に関わる場合だ。本章ではこのような場合に焦点化し、就職活動を停止した2名の事例を個別に分析する。

では、これまで積み重ねられてきた先行研究との関連で、本章は何を付け加えようとするのか。本章の試みは、第1に、日本社会で典型的とされる、「受験型人間像」との関係において、それと異なるあり方をとらえることだ。竹内洋（1995）は、とにかく目の前の選抜を通過することだけを目指し自己を操作化する個人のあり方を提示した。そこからはみ出る自分に対し、個人はどのように向き合うのか。そしてそれと異なるあり方を維持することは現在の日本でありうるのかを本章では問う。

それは第2に、自己否定とは異なる、不採用に際した応募者の心理的負担の生じ方をとらえることでもある。パーソナリティにも関わる非認知的特徴を評価する現代のホワイトカラー選抜では、応募者が不採用を自分のせいだと自己帰責し、それに伴い強い心理的負担が生じることが論じられてきた（Neckel 1991=1999; Sharone 2014）。しかし不採用に伴う心理的負担は、自己否定とは別の仕方で生じることもありうる。その生じ方の違いは、学生への寄り添いや支援にとって重要な意味を持つと考えられる。

第3に、それは学生の選択という半面と、従来まで強調されてきた企業による選抜という半面のうち、後者が主に強調されるという認識枠組みの狭さの影響を問うことでもある。学生が不採用について、企業による選抜の半面を強調する一方向的選抜図式のもとで生じる認識を常に意識しながら、従来あまり強調されてこなかった別の解釈を保持することがどのような困難を伴い、それでもそれを保持することがありえるのかを、本章では問う。

本章では第1節、第2節で、それぞれ1名ずつの個別事例の分析を行う。そこでは、一度不採用となっても次の選抜に向かい努力するという従来型メリトクラシーの反応とも、自己否定という反応とも異なる、正当な選抜を求め主流の就職活動から離脱するという反応とそれにまつわる葛藤を示す。最後に、それが先行研究に対し持つ示唆について論じる。

1 就職活動からの離脱——事例1

本節では、選抜方法・基準の正当性への疑問が膨らむ中で、学生が主流の就職活動から離脱し、別の仕方での就職を目指すようになるプロセスを描く。

以下では典型例として、フミ（首都圏、大学入位難易度上位、女性）の事例を詳しくみる。フミの就職活動についての語りは主に、3つの時期に分けられる。以下、順を追って紹介する。なお、フミへのインタビューは3回にわたり行われているため[1]、以下で語りを引用する際は、末尾に何回目のインタビューからの抜粋であるかを記してある。

（1）選考開始以前——就職への意欲、従順ゲームへの嫌悪、選考通過への自信

フミは当初、大企業への就職を目指していた。以下は大企業を希望した理由についての語りである。

フミ　やっぱり今までも自分の中に決める軸があったっていうよりも、社会的にどれがいいか、み

たいな中で選択してきたことってやっぱ人生の中で多いと思って、私は。でその自分の今までのルートでいくと、やっぱり認められる方がいい、みたいな風に自然と思って。そういう大企業に行った方がやっぱ社会的には認められる、みたいな。っていうのが1つあったのと、もう1つはやっぱり自分のキャリアとして思った時に、大企業に行っておいて損なことってたぶんそんなにない、もちろん職種とかによると思いますけど。それが不利に働くことってキャリア的にもないだろうなって思っていて。でやっぱりそれがあった方が、例えば将来自分が小さい所とか、フリーとかで働くにしても、大企業の職歴があることは、1つ大きな武器になるかな、っていうのは思っていました（1回目）

ここでは、自分自身のパーソナルな希望という枠組みではなく、社会的な望ましさの枠組みで語りがなされている。大企業への就職は、特に他者から認められるというメリットをもたらすものであり、またそれはその後のキャリアでも有用になるとフミはとらえ、これを希望していた。

一方でフミは、大企業の一般的な就職活動のあり方の一部に対して、当初から否定的な態度も抱いていた。フミは、インターン参加を見送った後、12月から企業説明会などに行き始め、就職活動を始めた。これは一般的なスケジュールに沿ったものであるが、フミは以下のような否定的な態度も抱いていたことを語っている。

フミ　12月ぐらいから説明会とかもほんとにちょっとずつ行き始めて。でも嫌だったんですよね。やっぱりスーツとか着てみんなで同じ格好してやらなきゃいけない、みたいなのすごい嫌で（1回目）

ここでは、学生が皆同じ服装をしなければならないという従順ゲームの認識とそれに対する嫌悪感が語られている。[2] フミはこの時点ではこうした態度を抱きつつも就職活動を始めた。フミは、個別企業の説明会などに参加する中で、いくつかの企業を志望するようになった。[3]

従順ゲームを嫌う態度は見られたものの、フミは在学中の活動や語学力から選考を通過することに自信を抱いていた。以下は、彼女が選考に有利とされる、選考開始前のインターンに応募しなかった理由についての語りである。

フミ　（知人から、インターンに）行っといた方がいいんじゃない、とは言われましたね。良かったよ、みたいに言う人もいましたし。ただ結局何がいいか、っていうと、その経験そのものがっていうよりもやっぱりそれが就職活動に有利になるから、なんですよね。基本的には。もちろん就職活動をちゃんとやる、っていう意味ではすごいたぶん重要な戦略、一つのポイントではあるのかな、というのはまあ思ってはいました

――でもそんなに、やっぱり雰囲気というか周りと同じでやっていくっていうのがちょっとやっぱり嫌だっていうのがあって

フミ　そうですね。周りと同じが嫌だっていうのがあったし、まあなんかいけるでしょ、みたいなたぶん余裕もすごいあったんですよ。別にやらなくても自分大丈夫かな、みたいな感じが結構あったと思うんです

――変な質問になっちゃうかもしれないんですけど、大丈夫かなっていうのって、こうだから、みたいなのってありました？

フミ　その理由ですよね。要は私、帰国子女じゃないんですけど一度留学してて、すごいA語も好

きで得意なんですよね。で試験とかも結構頑張ってスコアをとったりとかして、でA語も勉強したりとか、まあ語学がすごい好きだったので、そういうのをやってみたりとか。まあすごいアクティブに色んなことをやってきて、サークルで例えばリーダーをやってたとか、やっぱりそういうところで人に認めてもらったりとかして、それはすごい自分の中で自信になったし、仕事もちゃんとできるんじゃないかみたいなのはやっぱり思ってたので。だから別に周りの就活生に劣ってるみたいな感じに全然思ってなくて。大丈夫でしょ、みたいに思ってたっていうことがありましたね(1回目)

内定を獲得する上で有利とされるインターンに応募しなかった理由として、彼女は、自分自身であまり価値を見出せないインターンに、周囲に同調して応募するのをしたくなかったこと[4]に加え、インターンに参加していなくとも内定を獲得できるという自信があったことを挙げている。それは、これまで語学の勉強に力を入れてきたことや、他の活動にも積極的に取り組みそこで周囲の他者から承認されてきたことから、入社後も自身は仕事をできるという自信および、企業は基本的に仕事をする能力に基づき選抜を行うはずだろうという予期に基づいている[5]。

(2) 不採用――リアリティ定義の競合が解消されない状況

このように、フミは従順ゲームへの嫌悪感を抱きつつも、内定獲得への意欲と、一般的な選考通過の見通しを事前に抱いて、リクルーター面談や面接に臨んだが、どの企業でも選考を通過できなかった。選考を通過できなかった理由について、一部の選考についてはコミットメント・ゲームの枠組みから解釈されていた。ただ全体として企業の評価基準は分からなかったとフミは語っていた。

フミ　（選考の感触は）もうどんどん分からなくなって疑心暗鬼になるというか。その時はうまくいった、って思うけど、例えばB社のリクルーター面談で、すごいいい人って思ったのに、それで落ちたりしてるから、分からないんですね、もう。その時すごい感触良かったんですよ。しかも最後に、一緒に働こうみたいなことを言われたのに、それで落ちるって何事、みたいな。疑心暗鬼というか、不信感みたいなのがあって。どうだろう、あまり感触とかも分からなくて。でも……例えばC社とか受けた時に、役員面談で、1対1だったんですけど、君この後どうするの？みたいな志望度を聞かれて、いや分からない、みたいな感じで答えちゃって。第1志望って言えなくて。そしたら下まで送りに来てくれて、会社の一番下のロビーまで。あ、これもう落ちたな、っていう風に思いましたね。そこまで丁寧に見送られたことがなかったから、ああこれもう最後なんだな、みたいな感じで結構悟ったっていうか。もうこれ自分やっちまったから終わったんだな、みたいなことは思いましたね。ただ全体として感触はもう分からないな、って思って。判断基準は分からないし（1回目）

ここではまず、選考での評価のされ方が、選考を経験しても理解できるようにならなかったことが語られている。それどころか、初めは面接官の反応などから一定の推測をしていたが、良い反応をされたように感じたリクルーター面談でもその後連絡が来なくなったことなどから、こうした推測もあてにならないと感じるようになったという。一部の面接については、志望度が高いと伝えなかったからだろう、とコミットメント・ゲームに基づく解釈はしたが、多くの面接については、評価基準は分からない、と感じたという。ここに見られるのは、いくつかのサブ・ゲームを認識しつつ、一般的な採用基準については分からないととらえる、複合ゲームに典型的な採用基準の認識のあり方である。

また上に紹介した、就職活動開始時に、就職活動を嫌と感じていたという語りについて、補足を求めると、フミは選考開始後もそれが解消されなかったことを語った。

――最初の頃っていうのは、でもやっぱり就活嫌だな、みたいなのってありました?

フミ　めっちゃありました。ありました、ありました。最後までずっとありましたね。やっぱりなんかみんな同じような服着て、同じようなこと言って、なんかぞろぞろぞろみたいな感じで行ったりとか。あとまあこれちょっと選考始まってからなんですけど、グループワークとか、すごいみんなこわいんですよ。始まる前とかすごいさわやかに、みんな「こんにちは!」とか言ってお互い挨拶してるのに、終わった瞬間にフン、みたいな感じで、みんなお互い無視みたいな感じで会場の外に出て。その豹変とかがすごいこわくて。なんでこんな。まあゲームなんでしょうね、ゲームっていうかまあ、本当のその人じゃなくて自分を作るじゃないですけど、そういうのとかがもう信じられなかったですね。これ何の意味があるんだろう、みたいな（1回目）

ここでは第1に、先に挙げた学生が没個性的な服装で同じような振舞いをする様子への嫌悪感が語られている。第2に、本来の自己ではなく、企業に評価されやすいように操作された自己を学生が呈示する選抜の様子に対する嫌悪感が示されている。それは他の学生に対してだけでなく、選抜の正当性についての疑問に通じている。すなわち個人の本来の特徴ではなく、操作された表出をもとに評価がなされることは、無意味ではないかという疑問が呈示されている。これは、将来の働きぶりにつながる学生の本来の特徴をもとに、企業は採否を判断すべき、というメリトクラシーの理念を背景にしたものである。

一方でフミは、メリトクラシーの理念に対応するような、能力を評価されたという手ごたえは得られなかったという。フミは自己PRを話した際のリクルーターや面接官の一般的な反応について以下のように語る。

フミ まあ可もなく不可もなく。別にまあ普通でした。全然、企業によってはその中で具体的にどういうことがあったのか説明してくれっていう人もいたし、一方で全然突っ込まれなかったことも結構多かったですね。そんなに反応なかったり（2回目）

ここでは、特に肯定的あるいは否定的な反応を示されることがなかったことが語られている。企業により追加の説明を求めるか否かの違いはあったものの、特に評価基準の推測につながるような反応もなかったという。

このような選考の結果提示される不採用という評価について、フミは以下のように解釈したという。

――個々の企業落ちたってなった時の受け止め方っていうか、どう感じたか

フミ 納得いかない、みたいな感じありましたよね。例えばこれすごい驕りもちょっとあるかもしれないんですけど、結構そんな、たぶん相当色々頑張ってやってきたし、仕事たぶんできないわけじゃないのに、なんでここに落ちちゃうの、みたいなのはすごい思って。そこはすごい、納得いかない感はすごいあって。絶対ちゃんとやるわい、みたいなのはすごいあったのと（1回目）

この語りからは、選考を通じた同意形成がなされていないことがうかがえる。フミは事前に抱いていた選考通過への自信と裏腹な結果について、「納得できない」と語っていた。フミは一方で事前に抱いていた自信について、「驕り」もあったと語っており、事前に抱いていた、これまでの自身の活動から企業でも活躍できるはずであり、自身は選考に通過するに足る人物であるはずだという認識に一定

の誤りがあった可能性を認めている。それでも、入社後に活躍できるという推測はこれまでの自身の活動という根拠に基づいているのに対し、選考で受けた評価については基本的にどのような根拠をもとになされたかを推測できずにおり、前者の方がフミにとっては、初め、よりリアリティを持つ認識だったと考えられる。

つまりここでは、事前に抱いていた、これまでの自身の活動から企業でも活躍できるはずであり、自身は選考に通過するに足る人物であるはずだという認識と、実際に受けた不採用という評価との間で、リアリティ定義の競合（Loseke 1987）が起きているが、選考での同意が形成されないことで、前者の認識は打ち消されずにいる(6)。

フミはその後の企業の選考も通過できなかった。そして事前に応募していた企業すべてで不採用となった際、フミは就職活動を一旦中断している。

フミ　全部なくなっちゃってどうしよう、みたいな感じで。何してたんでしょうね。でも家とかでたぶん寝込んだりとかしてたと思います。落ち込んじゃって。かなりへこんで（落ち込んで）ましたね、あの時期は（1回目）

フミ　もうすごいしんどすぎて、このままエントリーシートとかひたすら書き続けたりとかやり続けるのはもうできないと思って。この自分のその同じ状態で続けてもどこももう内定もらえないだろう、と思って（1回目）

この時期には、強い心理的負担を感じ、新たに企業に応募しようと思えなかったという。またここでは、企業の選考を通過することに対する自信が失われていたことも語られている。ただしこれは、入社後に企業で活躍できることに対する自信とは異なることには注意が必要である。フミは心理的負担の理由を以下のように語っている。

フミ　なんで落ち込むか、ですか。やっぱりすごい自分が頑張ってきたことを否定されたような気持ちになる。学生時代とか、例えば、すごい一生懸命色んな活動をやってきたりしたのに、それをまったく認めてもらえない、みたいな。なのにぷーちゃらぷーちゃらしてた（頑張ってこなかった）人がすごい内定をもらってて、本当に頑張ってきた私がもらえないっていうのはなんで、みたいな。そこですごいへこんだんですよね。そこでやっぱ認めてもらえないのはなんでなんだろう、みたいな。結局これは私の要領が悪いのか、とかそういうのをすごい考えてしまって。そういう感じ（1回目）

ここでは、企業に入社後活躍できることの証として選考で語ってきた、これまでの自身の活躍が、企業側から認められないように感じたことが語られている。これは一見すると、自身が入社後も活躍できるような人物であるという認識をフミが改め、否定的アイデンティティを形成しているかのようにも見える。しかしフミは企業の選考に通過できるという自信は失っていても、企業への入社後に活躍できるという自信は失っていないと考えられる。フミが心理的負担の要因として語っているのは、自身の抱く認識と、不採用という評価が示している（とフミが考える）企業の認識とが一致しないことからくる戸惑いである。他の学生との比較においてなぜ、より頑張ってきた自分が内定を獲得できないのか、という選抜の正当性への疑問や、それは十分な頑張りをしているにもかかわらず選考通過のために効果的な戦略をとれない「要領の悪さ」によるのではないか、という考えは、これを示すものである。

さらにフミは、こうした中で一般的な就職活動生に対するアドバイスが、リアリティ定義の競合ではなく、否定的評価の内面化（共通の定義の形成）を想定しているために、リアリティ定義を安定化させたり別の反応をとることに役立つものではなかったことを語る。

フミ　就活で、人格否定されたみたいに思わなくていいよみたいなことを、よく言うじゃないですか。でも、私別に人格否定されたとかってあまり思わないんですよね。ただなんというか、分からないって感じ。私たぶん、色んなこと自分でやってきたから、自信がある程度、あるんですよね。認められたし、色んな人から。自信はたぶんあって、だから人格否定されたとかはあまり思わなかったんですね。でも、落ちたらみんなにすごいそれを慰められるから、そうじゃない、そこじゃないっていう感じなんですよね。だから別に自分は人格が否定されたとは思ってなくて、ただなんで落ちたのかが分からないから、なんかこう。なんで落ちたのか分からないのに、でもやっぱり自分が、なぜか評価されない。評価されないのがなぜだか分からないから、っていうことなんですよね。分からないからやっぱりへこむっていうか。分からないけど、要は社会的には、駄目だって言われたような感じがするから（2回目）

ここでフミは、就職活動に多く見られる、不採用となっても人格を否定されたように思わない方がよい、という言説が、自身にあまり当てはまらないように感じたと語っている。就職活動以前から自分では自身の人格については自信を持っており、否定的評価を内面化したわけではないという。そして自身の心理的負担は、なぜか分からないままに否定的な評価をされることによるものだと説明している。

「人格を否定されたように思わなくてよい」という言説は、学生が、企業が人格的な評価をもとに選考を行っていると解釈し、そのように想像された企業側の態度を取得し内面化してしまうために、心理的負担が生じるという理解に基づいている。つまり企業側の態度を学生が誤って認識してしまい、それを内面化することが心理的負担の要因である、ということである。

しかしフミは、自身の心理的負担が企業の態度の内面化というメカニズムにより生じているわけではないととらえていた。まずフミは選考結果について自己帰責以外の解釈を初めからとっている。フミが苦悩していたのは、内面化をせず自身では「人格」以外の要因から選考結果を解釈しうるにしても、他者一般から、選考結果が当人についての否定的な評価という意味内容を伴うものとして解釈されるように自身にもとらえられるという点である。(8) つまり自身がどのように解釈しようとも、どうしても選考不通過は当人の何らかの欠陥の証として解釈されうる余地が残るし、また自身でもそのような他者の解釈を意識せざるを得ない。このため選考を行う企業から直接人格的評価をなされたととらえていなくとも、否定的評価を意識させられることはありうる、というのが第1の重要な点である。フミは、自身については自信を持っており、選考で人格否定をされたようにも感じていないが、それでも、「評価されないこと」「社会的には、駄目だって言われたような気がすること」について悩みを抱いている。

第2に、フミはそのような評価が、自身の、正当な選抜のもとでは得られるはずの評価についての期待に反しており、それに同意できていないことが、心理的負担の要因であるとしている。望ましい結果が得られなかったとしても、選考を通じ同意が形成されたならば、事前の期待の方を誤っていたとして修正することもありうる（同意、および意欲の縮小）。しかし同意ができず、リアリティ定義の安定化が困難になっていることから心理的負担が生じているというわけである。

フミは第2回のインタビューの最後に次のように、自身の就職活動を総括していた。

フミ　だから結構就活は、自分が揺らいだって感じなんですよね。自分が思ってきた自己イメージみたいなものをなんか揺るがされたみたいな。色んな評価を受けるから。それは結局人格否定に近いのかもしれない、本当は。だって、それはやっぱり社会的なその評価だから。ある程度、自分がその評価に対して揺らぐっていうのはそれはたぶん普通にありえることだから。人格否定と自分ではその言葉としては思ってないかもしれないけど、ある種、そういう意味があったのかもしれないですよね。だって、落ち込んでることには落ち込んでるんで、やっぱり。でも、それは社会的な評価っていう意味での自分の落ち込みなんですよね。自分は認められない、みたいな。でも、内部では自信があるから、色々な人に認めてもらえたし。……ですね（2回目）

ここでは、先ほど否定された「人格否定」の自身への適用が、概念の意味を限定すれば当てはまるかもしれない、とされている。つまり「人格否定」を、企業の人格的評価を内面化し自身で否定的な自己アイデンティティを形成すること、とするならばそれは当てはまらない（「人格否定と自分では思ってないかもしれないけど」「内部では自信がある」）が、否定的な社会的アイデンティティ（他者から見た像）を付与され、それに伴い肯定的自己アイデンティティを妥当とみなしづらくなること、とするならばそれは当てはまり（「社会的な評価っていう意味での自分の落ち込み」「自分がその評価に対して揺らぐ」）、それが心理的負担の要因となっている、というわけである。そして自己アイデンティティと社会的アイデンティティの間のズレが生じたことで「自分が揺らいだ」と語っている。これは先のリアリティ定義の競合という説明と一貫する。

このようにフミは、選抜の正当性について疑問を抱いており、自身が企業で活躍できる人物であるというリアリティ定義を一定程度保持し続けていたが、他方でそのような解釈をとることを他者に要求するような「強い主体」となれていたわけではなかった。このことが、社会的な評価を受けざるを得ないことについての悩みにつながっている。

ではなぜ、選抜の正当性について自身では疑問を感じつつも、選抜が不当だとしてシステム帰責をするという反応を、フミはとれずにいたのだろうか。この、これまで説明してきたのとは逆の側面を説明することで、リアリティ定義が競合し、先行研究が挙げてきたような反応をとれず、妥当なリアリティ定義を求め思い悩むことになった理由が明らかになる。

第1に、自身を不採用とする評価の根拠について、フミは基本的に分からないとしていた。フミは以下のように語る。

フミ　落ちた理由は分からないんですよ。分かってないんですよね。ただ今でもあまり分かってなくて。言ってもらえないじゃないですか、なんで落とされたのかって。だから一生懸命考えて、やっぱ第一志望って言わなったからかな、とか、自分に合わなかったのかな、とか。あるいはグループ・ディスカッションの練習が足りなかったのかな、とか（一回目）

このような根拠が明確ではない（ブラックボックス化された）評価に対して、その妥当性について合理的な反駁を加えることは難しい。つまり選考結果を正当なものとはとらえにくくなっているが、同時にそれが不当であると合理的な主張を組み立てることも難しい。

もっともフミは企業からのフィードバックが受けられない中で、自身で評価の根拠が何であったかを懸命に推測しようとしていた。そうした中で、いくつかの根拠の候補に思い至るようにもなったという。第2に、フミはそうした根拠に基づく評価に同意できていなかったものの、そうした根拠に基づく評価を、全面的に不当なものだと主張することもできずにいた。

例えば、先に挙げた、選考の正当性への疑問の語りの後でフミは以下のように語っている。

フミ　本当のその人じゃなくて自分を作るじゃないですけど、そういうのとかがもう信じられなかったですね。これ何の意味があるんだろう、みたいな。でもきっと大企業ではそれも大事なスキルなんでしょうね。本当に周りに合わせるとか、ルールに合わせるとか。だろうなとは思いますけど、みんな突き抜けた人材が欲しい、みたいなことを謳うくせに、ほんとにみんなルール通りにできる人しか採らない、みたいな、がすごい頭にきて、すごい嫌でした（一回目）

フミは、学生が実際とは異なるように自らを演出し、企業も演出された像をもとに評価するような選抜の正当性について疑問を呈している。しかしその後フミは別の視点からの解釈を加えている。それは、実はそのように周囲の他者やその場の状況規範に同調するように呈示する自己を操作する能力も、入社後に必要なものであり大企業はそれを評価している、という解釈である。これは先に正当ではないとされた選抜の企業側にとっての合理性を推測する解釈である。ここでは、自身は選抜の正当性に納得できないものの、それについて他者を説得することは難しいように感じられる状況が生じている。フミはさらに以下のように補足する。

フミ　突き抜けてても、突き抜ける方向決まってるっていうか。ちょっとそれが正しいか分からないですけどね、会社によっては。でもやっぱり、基本的には定められたルールがあって、その上でどれだけうまくできるか、みたいな。そういう感じがやっぱありますよね。結局ほとんどテクニカルなこと、っていうか。その人がものを言う人かとか大事と言いながら、関係ない、っていうか。まあでもそれを全部否定する気かっていうと、それで社会が回ってるしまあそれが日本だから、日本というかまあ私が見ていたような所はそういう企業で、まあそういう風にまわってるんだからまあそれはそういうものなんだなっていう風には思いますけど。まあでも何かやっぱりおかしいな、みたいなのは思います。でも変えろ、みたいな風にも思わないし、別に。ドンマイ、みたいな（笑）感じですけどね（Ｉ－回目）

ここでも、「突き抜けた人材」や「ものを言う人」を求めるとしつつ、実際の選考では、当人の内在的特徴というよりも、選考の場で求められる振舞いをすることができるかどうか（就職ゲームへのテクニカルな適応）が問われることが「おかしい」という認識が示されている。しかしフミは他方で「それで社会が回ってるしまあそれが日本だから」と、そうした選抜が企業側にとっては合理的なものとしてとらえられることが「社会」や「日本」では一般的だという認識を示している(9)。

フミは自身では選抜の正当性への疑問を抱きつつも、「それを全部否定」したり「変えろ、みたいな風にも思わない」と、そのような選抜を行う企業に選抜の仕方を変えるべきだとは主張していない。これは企業の側にも一定の合理的理由がありうるのだろう、という解釈と関連している。またそれは企業の権利についての社会的通念とも関連していると考えられる。就職選抜では企業側は能力の面に関しては自由に応募者を選ぶ権利があるとされている（対して性別、国籍、政治信条などの属性的な面についてはそうではないが）。どのような応募者を選択するかについては、確かに他者から様々な正当性についての評価を受けうるが、それでも企業側が自主的に決める権利を持つとされる。そして企業側は、応募者には分からないような合理的理由に基づき採用を行っている可能性もある。そこで、企業の採用の仕方については、それが社会の基本的な規範を破らない限り（もちろんこの範囲については解釈のズレが生じうるが、属性に基づく差別をしない、応募者に対し不当な損害を与えない、等が守られている限り）は、外部からそれを変更せよ、というクレイムは受け入れられにくい。この事例での採用基準についての疑問は、普遍的な権利の問題の枠組みではなく、個別的な志向の問題の枠組みでとらえられている。

また先に、一部の選考での相互行為を振り返る中で、フミがコミットメント・ゲームの認識を抱いていたことを紹介したが、こうした根拠に基づく評価に対するフミの態度が表れているのが以下の語りである。

フミ　たぶん一番良くなかったのがそのリクルーター面談で、志望度どれぐらい？　って言われて、絶対行きたい所の3つのうちの1つとか言っちゃって、第1希望って言わなかったんですよね。でも第1希望って言わないとそれダメだよ、みたいな感じですごい言われて。で、その時全く悪気なかったんですよ。すごい正直に言ったら、たぶんそれで落ちたのかな、みたいな。でもなんで落ちたか分からないですけど、今となってはそれたぶんまずかったんだな、みたいな

――そうですよね、確かに正直な感じとしてはそうですよね

フミ　そう、だってそんな（リクルーター面談の段階では第1希望かどうか）分からないじゃないですか、だって。でその人も、そうだよね、みたいな感じだったのに、すごいショックで。その時は悪気は全然なかったんですけど、そのルールもやっぱ従わなきゃいけないんだな、みたいな（1回目）

ここでは、面接官に対し選考を受ける企業が第1志望であると伝えることが、「従わなければならないルール」としてとらえられている。ここではこのような根拠に基づく選抜がそれ自体として合理的であるという認識は見られない。つまり第3章で論じたように、学生は実際にそう考えていなくとも、第1志望だと答えることはできるわけで、第1志望だと答えるかどうかは学生の実質的な特徴のシグナルとなるものではないととらえられている。また「従わなければならないルール」という認識の背

景にあるのは、学生は複数の企業に同等に関心を持つことは自然であり（特にリクルーター面談の段階では）、また情報が少ない中ではその後志望度が変化する可能性もあるという実態や、それは「その人も、そうだよね、みたいな感じだった」というように面接官側も理解しているはずだという認識である。それでも、第1志望だと語るべきだというルールに「従わなければならない」ことについてフミは理解を示している。ここでも、自身ではそのような選抜の正当性には納得していないが、それに対し抗議することは難しいものととらえられている。フミは、「やりたいこと」と結びついた志望動機を語ることについても同様にとらえていた。

フミ （「やりたいこと」と結びついた志望動機が）建前でもないとダメってことですよね。別に本当はなくてもいいんですよ、どうでも。働いてくれれば、企業は。なんでも、たぶん。まあ日系はちょっと分からないですけど。結構忠誠心が大事だから。外資は特にたぶん関係なくて。でも建前だったとしても、何がやりたいっていうのをうまく面接とかで言ってくれないと、向こうとしては採れないじゃないですか、だって。全然違うことを言ってるのにその人を採ったら会社にとっては、なんでこの人採ったのってなっちゃうから。だから建前でもいいんですよ、たぶん本当は。だけどその建前のために努力することができないんですよね、私は。だってそれ時間の無駄じゃん、みたいな。……でもやっぱり大事だなとは思います。それで回ってる世界もあるし、みたいな（2回目）

ここでは、「やりたいこと」と結びついた志望動機が、必ずしも現実的ではないことは企業側も把握しているが、それでも企業はそれを語れない学生を採用できないのだろう、と志望動機の要求があくまで「建前」のものであるという可能性が指摘されている。またフミは、建前としてでもそれが必要であるということは理解していても、合理性に同意できないような選抜に向けて努力することが困難だったとしている。[10] 一方で、フミは、コミットメント・ゲームが不当である、として完全に同意しないという態度もとっていない。それを表すのが「それで回ってる世界もある」という語りである。

つまりフミにとって企業の選抜の仕方は正当とは考えづらかったが、一方で社会（特にフミが入ろうとする企業社会）では、必ずしも合理的でないあり方（ルールや建前）に適応する能力も評価される（そしてそれが合理的とみなされうる）という認識も抱かれていた。これらの語りからは、フミは、自身の、選抜の正当性を疑問視する解釈が、他者一般の支持を受けるだけの強度を伴っていないととらえていることがうかがえる。そして他者を説得できない限りは、不採用という評価は社会的に妥当なものとして通用するため、リアリティ定義の競合は解消されなくなる。[11]

こうしてフミは、選抜での不採用に対し明確な反応がとれない状態に陥った。企業一般の選考の正当性への疑問は、不採用の要因を自己帰責しその要因の改善をはかるという反応をとることを困難にしていた。一方でシステム帰責をすることでリアリティ定義を安定させ選考を受けるという反応もとりづらいものであった。このように先行研究が挙げてきた反応のいずれもとれなかったことがフミの語りからは読み取れる。こうした中でフミは、自身の個人的な解釈と、社会的に妥当だとされる（と考える）解釈の間でのリアリティ定義の競合を抱え、安定したリアリティ定義を見出せずに悩んでいたと考えられる。

（3）別のプロセスを通じ就職を目指す

リアリティ定義の競合に悩み、明確な反応をとれなくなっていたフミは、その後どうしたのだろうか。フミは以下のように語る。

フミ　頑張れない。もう気力的に受け続けてまた落ちる、みたいな、もう頑張れないな、って思っちゃって。その時にその人（フミをよく知る知人）から言われたのが「やり方が合ってないよ」みたいなことを言われて。やり方が私に合ってなかったら。なのでそういう風に解釈して。だから別にたぶんそんな能力にすごい問題がある、とかじゃなくて、たぶんやり方が自分に合ってないんだったら、違うやり方でやるしかないかな（1回目）

3週間ほど経った後、フミは知人のアドバイスもあり、それまでのような、新卒者を募集している企業に応募する一般的な就職活動の仕方ではなく、別の形での就職活動を始めることに決める。それは、直接新卒採用の枠に応募するのではなく、まずインターン先を探し、インターン先での就職を目指すというものであった。フミはかつて別の先輩からこのような就職活動の仕方について聞いており、当時はそれをしようとは思わなかったが、この時それを試すことにしたという。

フミ　ちょっとよくお世話になって仲良くしてもらった先輩で、その人曰く、まあなんか自分で色々調べて履歴書送って、インターンさせてくれとか言って、やったんだー、みたいな感じでその時に話を聞いて。ああそういうやり方があるんだ、みたいな

――　自分でやろうとは

フミ　いや、自分はそういうそんなに外資の、すごいごりごりな所に行くようなタイプではないと思ったから、そういうやり方が通じるのかな、っていうのは結構疑問だったっていうか（2回目）

フミ　普通の就活終わった後に、いや自分どうしようってなってから思い出したっていう感じですね。そういえば先輩もああいう風にやってたよなって思って。自分もまさかそれやるとは、みた

いな感じでしたけど。でも、やってみようかなって思って。なんかその普通の就活よりは、自分が得意とする方法だなと思ったんですよね。自分の、アピールすることはいっぱいあって、でも組織に合わせることが出来ないから、合う組織に、募集してなくても自分から行った方が、自分の強みを活かせるっていうか。やれって言われたことをやるのは苦手なんで、たぶん。自発的にやる方がたぶん得意なんで（2回目）

就職活動前に先輩の話を聞いた際は、自分自身はそれほど積極的ではなく、それをすることはできないと考え、試そうとは考えなかったが、就職活動をやめた後に、そうしたやり方を試そうと考えたという。フミは就職活動をやめた後は、活動前とは逆に、そうしたやり方を自身の得意な方法としてとらえるようになっている。この理由は、一般的な就職活動のやり方に対し不適応の感覚を抱いたことと関連している。「組織に合わせることができない」「やれって言われたことをやるのは苦手」といった不適応の感覚についての語りは、先に紹介した就職活動に対する疑問の語りと一貫している。選抜の仕方について、普遍的な問題としてのクレイム申し立てはできないが、納得したり順応することもできない中で、異なる選抜がなされる場に移動するというのが、フミがとった反応であった。なおこの反応をとる上ではフミのパーソナル・ネットワークが重要であった。インターンを通じ内定獲得を目指しこれに成功した先輩の存在と、一般的な就職活動が合っていないという知人からの指摘は共に、選抜が一通りしかないという一元的な選抜の認識を崩すものとなったと考えられる。

その後フミは、いくつかの企業でインターンを行い、そのうちのいくつかから正社員として働くオファーを受け、就職することを決めている。別の仕方での選抜の可能性が意識されたことは、その後のフミの行為を方向付け、以前のような行き詰まりの状況を脱することにつながっていた。それでもフミは、こうした切り替えが必ずしも容易ではなかったことや、必ずしも単線的なものではなかったことについて語っていた。このようなプロセスについて最後に記述する。

まずフミは、選考への応募を中断した後、一般的な就職活動を行うことをやめインターンを通じた就職を目指すことを決断するまでには、時間を要したと語っていた。

フミ　切り替えるまで結構勇気要りましたよ。やっぱりほかの人と違うやり方でやるって、（自分がこれまで）やってきたようで意外とやってないかもしれない、みたいに思って。普通に就活続けていった方がもしかしたらちゃんともらえるかもしれないのに、やめちゃう、みたいな。自分で可能性を閉ざすことでもあるから、やっぱりそれは結構。「続けない」という選択をするのはすごい不安でしたね。だからなかなかやっぱり決断するまで時間かかりましたね。3週間ぐらいかかったかもしれない（1回目）

ここではまず、新たなやり方で本当に内定を獲得できるのかという不安が語られている。また、従来通りの就職活動の仕方で内定を獲得できる可能性や、それを手放すことへの躊躇が見られる。このような不安は、新卒採用がもたらす機会の大きさの認識から生じていると考えられる。それでも、フミは一般的な就職活動をやめ、インターンを通じた就職を目指すようになった。

3週間後、フミはパーソナル・ネットワークを用いてインターン先を見つけ、週2、3回ほど無給で働くという形で、インターンを行った。インターン中に職場の社員から認められることもあり、それは就職活動で不採用が続いた際に揺らいだ、働くことへの自信を改めて得ることにつながったという。

フミ　インターンして、就活決まってないけど、まあ普通に仕事もちゃんとやるし、で周りの人にもすごい職場でも認めてもらえて。自分的にはちょっと自信がついて。自分の心の余裕も出てきて。全部落ちた、みたいなところからちゃんと認めてもらえる、みたいなところで段々自信がついてきて。……なんか吹っ切れたんですよね。もうだって周りがみんな終わってて、大体決まってる中で、で一番私が遅くて。もう自分の本当にやるべきことをやるしかないっていうか。だから他人がどう思うとか、他人がどういう道に進むのか、みんながこうしてるから、とかじゃなくてじゃあ自分はどうしたいのか、って考えた時に、吹っ切れたタイミングがあったんですよね

（1回目）

この語りの後半では、5月以降、自身はインターンをし、一般的な就職活動を行っていた周囲の学生がほぼ就職先を決める中で、他の学生との比較の意識が薄れたことが語られている。ここでは、早く大企業に就職するのが良いことだという一元的序列の意識の弱まりが見られる。

この後フミはインターン先の新卒採用の選考に応募したが、最終面接で不採用となった。そこでも、面接試験の正当性に対する疑念は強まり、フミは再びインターン経由の採用を目指し、新たに2つのインターンを始めた。フミにとって、新たに始めたインターン2つは共に、業務内容、企業理念、仕事内容や社員の様子が魅力的なものであった。フミは半年ほど働いた後、両企業から、一定の試用期間の後、正社員として採用するか否かを決定すると告げられ、その後両企業から採用を打診された。この時の受け止め方についてフミは以下のように語る。

フミ　ふうって感じでしたね、なんか。やっぱ一息ついて、やっともらったみたいなのは、ありましたし。でも、うれしかったですよね。普通に、必要だって言ってもらえるのは、すごいありが

たいし、うれしいなって思ったし。しかも、何よりも、自分が何やるか、分かってるわけじゃないですか。どういう所で、どんな仕事するか。だから、それはすごい、安心感もあったし（3回目）

仕事内容が分かっていることで両企業ともに安心感があり、いずれの企業に就職するかを迷ったという。結局フミは仕事内容への興味の強さを基準に、一方の企業を選択した。就職先への志望形成についてフミは次のように語る。

フミ　やりたいことって、これがやりたいですって、もともと思ってたわけじゃなかったけど、でも、よく考えてみると、これって結構、自分が理想にしてた場所かもって思って。こういう感じで働きたかったし、こういう場所で働きたかったし、こういうことをやってみたかったって思って。そういう意味では、今、考えてみると、結構、理想だったかもって思うんですよね（3回目）

ここでは、初めから就職先企業の仕事内容に関心がありそれを選んだというよりも、インターンをし採用された後、仕事内容や職場環境が自身の理想とするものだと考えるようになったことが語られている。

また理想とする就職先の企業規模やキャリアプランについても、当初から変化したことが語られた。

フミ　自分の尊敬する人とか、こういうふうになりたいみたいな、ロール・モデルの人を、インターンで色々見たりしてて。何人か会ったりしたんですよ、そういう人に。そういう人を見ていると、基本的に、人に引っ張られて転職してて。誰かに呼ばれて、うちで働かないかって言ってもらったりとか、結構、みんなしてるんです。

そういうキャリアのあり方だったら、自分もできるかもしれないって思って。要は、それって、企業の名前とかキャリアの、なんか箔が付いてるとか、そういうのじゃなくて、本当にその人が、こういう仕事ができるかとか、向いてるからとかで、その会社に呼んでもらったりとかしてて。自分では、実際、自分がどの能力がそれに適してるか分かんないけど、でも、そういう形でどんどん転職していけたり、キャリアアップできるんだったら、そういうふうにできるんだ、みたいなのを知って、自分もそういうふうにできればいいなみたいな、思って。だったら、規模とかよりも、ちゃんと自分が、そういうふうになれるようなステップが踏める所だったら、どこでもいいのかなと思って。それだったら、自分のやりたいことが、よりできる場所もいいなって思ったっていう、感じですね（3回目）

フミ　要は、会社名とかじゃなくて、本当に、経験で評価してもらえて、次に進めるっていう、キャリアステップを、実際に踏んでる人を見て、あ、関係ないんだみたいな。経験が大事なんだっていうのを、すごい感じられたっていうのは、なんか、大企業に固執しなくなった、一つの理由ではありますね（3回目）

ここでは、インターンをする中で何人かの尊敬できロール・モデルにしたいと考える人物に出会い、それを通じ自身のキャリア・イメージを抱くようになったことが語られている。それは新卒採用が対応する日本型雇用システムから外れたキャリアのあり方で、大企業へ「就社」するというよりも、仕事内容への適性を評価される場所へその時々で移動しながら働く、というものである。ここでも「活躍」という価値意識は見られるが、それは一元的な序列というよりも、個々人に応じた多元的なものとなっている。

このような認識枠組みのもとで、フミは自身の就職活動結果に満足していることを語った。

フミ　すごいすっきりしたんですよ。本当に。すごい、腑に落ちた感じがあって。すっごい遠回り、遠回りっていうか、色んなステップがあったんですけど。最終的に、すごい落ち着いたっていうか。でも、何よりも、そういう所に呼んでもらったりとか、チャンスをもらったのは、そういう、色んな人に紹介してもらったからとかが、きっかけだったので、本当に、ありがたいなとは思いますね。

しかも、自分がそういうふうに、人に言えるのも、そういうふうにつないでいくことで、結局、自分にも最後返ってくると思うので。そういう、人にチャンスを紹介してあげるとか、後輩に、そういうチャンスがあったら、やってあげるとか。そういうのを、もっと、ちゃんと、やっていきたいなっていうのが、やっぱ、すごい思いましたね。自分が、こういう経験をしてから。

あと友達から紹介してもらったりとか、そういうのなかったらって、本当にしみじみ思うので。なぜか、感謝にあふれて就活を終えるみたいな。でも、本当、良かったですね（3回目）

さらにここでは、自身の就職活動ではパーソナル・ネットワークが重要であり、協力をしてくれた知人への感謝が述べられている。また自身が行うことができたような就職活動の仕方を、後輩がするのを助けられるようにしたいことが語られている。ここでフミは、自身の就職活動の仕方を非典型的なものととらえつつも、それを現在より広げたいという希望を表している。

フミの反応の概要をまとめておく。フミは、4月までの就職活動では、企業一般の選考の正当性についいて納得できず、他方で完全なシステム帰責もとることができない中で、就職意欲が冷却されずに、次の選抜に向けた意欲の縮小・再加熱という反応がとれなくなった。他の企業を受け続けるという道があることは認識しつつも、それにコミットすることはできなくなり、就職活動を中断した。その後フミは、インターンを通じた就職を目指すようになった。1つ目のインターン先の採用選抜では不採用となってしまったが、その後インターンを続ける中で他の企業のインターンに誘われ、それらの企業からはインターンでの働きぶりをもとに評価され内定を得た。こうした過程の中で徐々に、フミは、一元的な序列や一元的な選抜方式ではなく、多元的な序列や多元的な選抜方式を意識するようになり、より正当とみなせる選抜の場へと自身の競争の場を変える、という反応を認識し、それをもとに行為を方向付けるようになった。このような反応は、フミ自身も当初は可能なものとしてとらえていなかったものである。

フミの事例では、選抜方法の正当性に対する疑念がきっかけとなり、当初は想定していなかった企業・キャリアへ進むことにつながっていた。この反応は、選抜に参加する意欲は、獲得しうる地位のみによって生じるのではなく、選抜方法を当人がコミットするに足る正当なものと認めるかによっても左右されることを示すものである。フミは不採用が重なった後、まだ他の大企業に応募する機会はあったものの、それをしなくなった。そしてインターンでの働きぶりをもとに評価される、というフミにとっては正当と感じられる選抜のあり方を行う企業へと、志望を変化させた。このような反応のあり方を、正当な選抜を求めての移動、と名付ける。これは一つの主流の選抜を前提にする際とらえられなくなる反応であるが、当人にとっても一元的な序列や一元的な選抜方法しか思い浮かべられない中では実行できないものである。この意味で、社会における選抜についての主流の認識のあり方は、当事者がとれる反応の可能性を左右する[12]。

フミの事例では、パーソナル・ネットワークが彼女の選択を後押しした面がある。「やり方が合っていない」という言葉をかけてくれる知人がいたことは、一元的な選抜の認識を弱めたと考えられる。

しかしこのような場合は必ずしも多くないと考えられる。逆に就職活動に対する批判は「甘え」として、またそこからの離脱は「逃げ」として解釈され、「逃げずに」就職活動を続けることを他者から促される場合も、現実には多いのではないだろうか。

主流の選抜としての就職活動には、現在もこのような逃れ難さがあると考えられる。そこで次に、この困難やその中でも離脱するあり方について探るため、ケイコ（首都圏、大学入試難易度上位、女性）の事例をみる。(13) ケイコの場合、一時、選抜の仕方への批判を抱くことそれ自体が、内定獲得を目指すのが望ましいとする枠組みにおいて否定的にとらえられ、自己帰責や反応の困難につながっていた。

2 就職活動からの離脱――事例2

(1) 選考開始以前――「通過儀礼」としての就活とプロセスへの疑問

ケイコは、就職活動開始当初、具体的な志望業種や企業はまだない状況だったが、民間企業を目指し就職活動を行うことは決めていた。

ケイコ 就活も受験みたいなイメージで、自分が将来ずっと何十年も働いていくために入る企業を選ぶんだっていう意識じゃなくて、試験の一つ、みたいな。通過儀礼（笑）じゃないですけど、通過していく行事の一つみたいな感じで思ってたので。将来のイメージが全然できてなかったですね

―― 将来の長く働く企業を決めるというよりはどっちかというと、通過儀礼というか試験

ケイコ　そう、やらなきゃいけないことの一つ、みたいなイメージでやってました

「通過していく行事」という表現からは、竹内（1995）の描いた、一元的なメリトクラシーの中で、長期的な展望を抱かず、目の前の選抜を乗り越えていくことに専心する人間像が見いだされる。ケイコにとって、内定獲得はひとまず目指すべきものとみなされていた[14]。

しかしケイコは就職活動をすべきと考えつつ、同時に就職活動の中で行うべきとされる、自己分析、マニュアルを利用した選考対策、多数の企業への応募といったプロセスに、初期から疑問をおぼえたという。これを示すのが以下の語りである。

ケイコ　自己分析、企業研究とか、そういう就活用語みたいなのに、嫌悪感を抱いてしまって。それから結構就活そのものに対して疑問を持ってしまって。なのでろくに分析とかもしなかったですし、どんどんそれでやる気がなくなっていっちゃったんですよね。今までに、学生（時代）にあったこととかを振り返っておいた方がいいだろうな、っていうのは思って、頭で考えたりとか、ES書きながら、あ、こんなことがあったな、っていうのをやったりはしてたんですけど。でもすごい人の話とかを聞くと、ノート一冊、見開きに自分の長所と欠点とをわーっと書いて、とか、そういうことを聞くと、それで自己分析、みたいに言われると、なんか、そういうことやるのか、みたいな。それに振り回されたくない、というか、すごい滑稽に見えてしまって。それで私は、そこまでできないな、っていうか。そのへんから就活に対して乗り気じゃなくなってきたんですね

――自己分析とか企業研究とかそういう言葉に対する嫌悪感っていうのはどういう感じですかね

ケイコ　なんて言うんだろう。みんな盲目的に何十社、何百社もエントリーして、それで、何十人もOB訪問して、で何十通もES書いて、そのためには自分のアピールポイントとしてこういうことを書いた方がいい、とか、サークルの経験を入れた方がいい、とか、そういう就活を切り抜けるためのマニュアルみたいなのが結構、リクナビとかマイナビとかがやってるんですよね、手引きみたいな。やってたりとかして、でその流れ自体に対して疑問というか、本当にこれでいいのかな、という、うまく言えないんですけど

ここでは就職活動において学生がやるべきこととされる、自己分析や企業研究等に対する意欲の冷却が語られている。例えば、ノート1冊分自身の特徴を書き出すような入念な自己分析、大量応募、マニュアルに沿った選考対策などが、「滑稽に見えてしま」い、そのようなことを行いたくないと感じたという。

ケイコの疑問は、就職活動の仕方だけでなく、それと関連した企業の選考の仕方に対しても及んでいる。以下は先の語りの続きである。

ケイコ　ESとかも、企業からしたらもう何千通も何万通も送られてきて、山に分けて、こっちの山はもういいや、って見ずに捨てちゃうとかいう話もあったり、で学歴フィルターとかもあるし、面接で聞かれることも勉強とかじゃなくて、いかにリーダーシップを発揮したか、とか、どういう風に課題を乗り越えてきたか、みたいなのだから、学生の側もそれに対して、ほぼでっち上げみたいな感じでこう盛って盛って話すっていうのが、そういう茶番感というか（笑）。それに対して、もう何も考えずにその流れに乗ってしまえばいいんだろうけど、私にはそれはできないな、っていう風に思って。あまのじゃくなところもあるんですけど、みんながやってることに対して、

ちょっとこう離れたところから見る癖があるので、たぶんそういう、離れたところから見てみて、何かちょっと滑稽だな、就活ってなんなんだ、このイベントは、みたいな風に思っちゃったんです

ここではまず、学生側の何十社に同時に応募する行為に対応した、企業側の書類選考のいい加減さ、あるいは学校歴のみによるスペック・ゲームが、メリトクラティックでないものとして語られている。興味深いのは、上位校の学生であるケイコにとって、学校歴に基づく書類審査は自身にとって有利であるにもかかわらず、否定的にとらえられている点である。また面接での証拠を要さない、学生の語りに準拠した選抜も、学生側の虚偽の自己呈示を招くため、当人の特徴に基づいた評価とかけ離れた「茶番」に感じられたという。ケイコはそのような選抜の仕方を無条件に受け入れ、それに向けて準備することはできなかったと語る。「離れたところから見てみて、何かちょっと滑稽だな、就活ってなんなんだ、このイベントは、みたいな風に思っちゃった」という語りからは、就職活動生に期待される役割（例えば面接で自身の長所を精一杯アピールし、またそのために入念な準備をすること）からの内的距離が発生していることがうかがえる。このような形での意欲低下は、フミに見られたものと重なる。そしてそれはその後選考を受ける中でも強まっていったという。これについては後に紹介する。

就職活動を始めていないことへの焦りと、就職活動のプロセスに対する疑問を同時に感じつつ、12月以降ケイコは製造業企業の企業説明会に参加し始めた。説明会に参加する企業の決め方についてケイコは、「どう絞っていけばいいのかも分からない」状態で、ひとまず自身の知っている企業にプレエントリーし、それらの企業説明会に参加するようになったという。企業説明会についてケイコは、それまで知らなかった事業内容や企業間の違いを知ることができよかったとする一方で、企業で働く

具体的なイメージまでは抱きづらかったという。

ケイコ　企業がやってることとかを聞くのは結構面白かったです。その企業によって結構特色があるというか、人のキャラとかも結構違ったりとかしてたので、あ、面白いなって言う感じで。ただやってる事業が面白いと思っても、自分がそこで働くっていうイメージはまだ持てなかったです

様々な企業のうち、ケイコは特に、高校時代から興味を抱いていた、途上国の開発援助にも関わる企業に対し志望意欲を抱いたという。

ケイコ　知ってる企業で、であと、なんだろうな、新興国に進出してるところとかを見てたんですね。国際協力系に関心があったので、例えばおむつメーカーだと、途上国にどんどんおむつを安くて良質な物を販売して衛生環境の向上に貢献してます、とかそういうところにひかれて、で食品メーカーでも栄養改善とかのプロジェクトとかやってたりするので、そういうことをやりたいなって思ってやってました

――そうなんですね、そういうことやってるんだ、なるほど

ケイコ　そうですね。社会貢献っていうのをどうしても捨て切れなったので、それができるような企業を探してやってました

ここでは、食品メーカーや生活用品メーカーが、自身がそれまでも関心を抱いていた開発援助と関わりがあることを知り、そうした企業に応募しようと考えたことが語られている。膨大な企業からの絞り込みにあたって、ケイコは社会貢献につながる事業内容という軸を定め、企業選択を行っていたこ

とがうかがえる。ただしこれまでの語りからもうかがえるように、このような企業選択の仕方については、イメージに基づくもので、具体的な仕事内容には基づいていなかったとケイコは振り返っている。この時点では、社会貢献という「やりたいこと」とこれらの企業への就職は結びつくものととらえられていたが、その後これらは分離したものとしてとらえられるようになっていく。

ケイコは説明会を通じ個別企業への志望度は上がり、説明会に参加した20社程度の大手企業にエントリーシートを提出したという[15]。ケイコはエントリーシートを書く際に、自身の「やりたいこと」が当該企業の事業内容とずれているように感じ、志望動機などを書くのに苦労したと語る。

――ES書くのは大変でした？　それとも割とさっと

ケイコ　大変でした。書いていくうちに、自分のやりたいこととその企業がやってることとの間でちょっとギャップがあるのを感じていて、最終的にすごくこじつけみたいになっちゃったりしてたので、結構苦労しましたね

（2）不採用――疑問にふたをできない自分は「ダメ」？

ケイコは応募した20社程度のうち、書類選考を通過したのは半数程度だったという。まず早期に選考を行う食品メーカーの結果が通知され、それはほとんど不採用となっていた。このときの受け止め方について、ケイコは以下のように語る。

ケイコ　……結構、ショックでしたね。こんなに落ちるとは思わなかったので。まあ落ちるだろうとは思ってたけど、このままだと、面接さえ受けられないと思って。ショックだったのと焦りと、ありました。ああやっぱ、もっと前から準備しとかなきゃいけなかったんだろうな、とか、今ま

で自分は何をしてきたんだろう、とか思ったり。だから途中で、全部、10社とか落ちた時に、食品メーカーはダメなんだ、向いてないんだ、と思って、でもうガラッと方向性変えなきゃなって思って。その方向性を変えようって思ったらもう気が楽にはなったんですけど。それまでは、私ってそんなダメな子なのかな、とか思ったりしてました。求められてないんだな、って思って。あとは、こんな紙1枚で私がどういう人物かなんて分からないのに落とされるんだな、と。それもちょっと悔しかったりはしました

ここではまず、一定数の企業で不採用となることは予期していたものの、ほとんどの企業で不採用となることまでは予期しておらずショックを感じたことが語られている。ここでは、「私ってそんなダメな子なのかな」と、それまで抱いていた自身のアイデンティティが半ば維持されつつも、それが揺らいでいたことがうかがえる。同時に「紙1枚で私がどういう人物かなんてわからないのに落とされる」ことが悔しい、というように選考結果に同意できていない側面も見いだされる。これに加え、ケイコの場合は、準備不足について自己帰責するという態度も加わっている。しかしこのような当初の反応は、すぐ変化したという。ケイコは、食品メーカーから他の業種へ志望を切り替えると共に、以上のようなリアリティ定義の競合や一般的な自己帰責による心理的負担が収まったと語る。このような変化は不採用をあくまで部分的なものとみなし、他の企業については就職意欲を抱くことと関連していた。ケイコは、選考結果の解釈の変化について以下のように語る。

ケイコ　その時点（食品メーカーの書類選考で不採用が重なった時点）では、結構就活も受験みたいな、と同じようなレベルで考えてたので、ES通過っていうのは、1次試験通過、みたいなのと同じように考えてたので、その通過した社数が多いほど、優秀な人なんだ、というイメージがあった

ので、こんなに落とされて私全然ダメなんだ、っていう風に思って。段々就活進めるにつれて、色々裏情報とかが入ってきて、ここは体育会系だから運動やってた人をいっぱいとるらしいよ、とか、文系は不利らしい、とか。何もそんな成績じゃないんだから、いっぱい通ったからその人がすごくよくできてる人だっていうわけでもないんだろうな、っていう風に思って。そういう話を友達としたりとかもしてたので

ここでは、就職活動を学力選抜のような一元的な選抜の認識枠組みでとらえていた初期には、選抜結果が個人の優秀さをそのまま表すもののようにとらえられ、自身の肯定的アイデンティティが揺るがされたものの、それは企業の書類選考の仕方についてのより詳細な情報を得る中で変化したことが語られている。ケイコは、企業ごとに、運動部の学生や理系学生を重視するなどの違いがあることを友人から聞き、それにより一元的な選抜の認識が崩れたという。またこのようなスペック・ゲームは、当人の真の能力とは必ずしも関連しない評価であるととらえられている。こうして、それまでの有用な自己としてのアイデンティティと、企業から付与された有用でない者としてのアイデンティティの間のリアリティ定義の競合が解消している。ケイコはこうして、食品メーカーの不採用が続く中でも、「もう1回考えて、インフラとか、あと鉄道も、鉄道だけじゃなくて都市開発みたいなこともやってるので、あ、こっちもありだな、と思って」インフラ、鉄道業界の選考に応募し、エントリーシート提出を行った。

他の業種の書類選考結果の多くは3月に通知された。3月に通知された選考結果のほとんども「不採用」であった。その後4月にかけて6社から1次選考通過の通知を得たが、それまでの期間（3月末）は、選考を1社しか通過できていない状況であった。この時についてケイコは次のように語る。

ケイコ　一番辛かったのは、3月の終わりなんですね。食品がいっぱい落ちた時は、親とかにも、まあ、まだ次あるよ、みたいに言われてたし、方向を変えればほかにもいっぱいあったので、そこまで。あ、こんなに落ちるものなんだ、って思って、一瞬でその落ちこんだのは回復したんですけど。3月の終わりごろ、4月から面接が始まるっていう段階になった時に、面接の予定が全然入ってなかったんですね。5、6社受けられたっていうのも、通知が4月になってからだったので、どうしよう、と思って。で全然、1回ESを出してリクルーターの方に会った時も、すごくニコニコして話を聞いてくれてたのに、私何かあの面接でダメだったのかな、と思ったり。でそうすると、私は自分のやりたいことにこだわりすぎてたのかな、と思って。もっといっぱい採用する銀行とかに応募して、やりたいこととか、そんな甘いこと言ってないで、もっと戦略的に就活して、ちゃんと内定とるのが賢い生き方なのかな、と思って。でも私はそれができなかったんだな、って思うとどんどん落ち込んでいったり。あとやっぱりスタートが遅かったな、と思って。私はいつもそうだな、と思って落ち込んだり。どんどんこう遡って悪い方に悪い方に考えていって。私今まで何してきたんだろう、みたいなところまで考えたりとかしてました。……自分のダメなところをどんどん、思い出していって。自分の性格とか、あとはなんだろう。それこそ就活に対する疑問とかもその時点でもうどんどん湧いてきましたし、その疑問を持ちながらもちゃんとできなかった、その疑問にふたをしてちゃんとやるべきだったのに、そこができなかったっていうところも、自分はダメだな、っていう風に思ってしまって

ケイコ　その時は何もやる気が起こらなくて、色々面接に向けて話す内容とかを整理したり、企業に入ってどの部署に入りたいか、みたいなのを知るためにちゃんと調べたりとかしなきゃいけな

いんだろうな、と思いつつ何も手につかなくて。ひたすらこう、過去を振り返る、みたいになってましたね

ここでは、食品メーカーの後に応募した企業の多くも、結果が通知される企業は不採用となる中で、より強い心理的負担を経験したことが語られている。これは、先の食品メーカーの不採用に対しては抱き得た、他の業種や企業であれば選考を通過できるという見通しが、抱きにくくなったことによるものと考えられる。食品メーカーで不採用となった当初に生じた、自身のアイデンティティ維持の困難が、ここで改めて生じている。また新たに経験したリクルーター面談での評価についても、なぜ低く評価されるのか分からない、という非同意が見られる。就職活動一般に対する疑問もやはり抱かれていたという。

さらに先に紹介したフミの場合、企業からの評価の内面化とは異なる仕方で、自身を否定的にとらえるようになったことが語られていたが、これはケイコにおいてさらに詳しく語られている。不採用が客観的な否定的意味を持つものとしてとらえられる中で、ケイコは主に選考で評価される対象としての自己そのものというよりも、選考に向けて戦略的に行為できない自己に結果を帰責している(16)。例えば、前述の、社会貢献という「やりたいこと」を企業選択の基準としたことが、否定的に再解釈されている。就職活動当初は意識されなかったもののエントリーシート執筆の中で顕在化してきた、「やりたいこと」と企業の事業内容の乖離がここでは明確に意識されるようになっている。そして以下の2つの活動のあり方が対比された上で、自身の活動のあり方が間違っていたのではないか、ととらえられている。一方は、「やりたいこと」を重視する活動のあり方で、もう一方は内定獲得のために「やりたいこと」にこだわらない活動のあり方である。そしてここでは、後者を自身はとるべきだっ

たのではないか、という考えが生じている。このほかにも、自身が周囲の学生と比べると遅く（12月から）就職活動を開始したことも、否定的に再解釈されている。さらに、就職活動に対する疑問を抱いた際、それを抑えあくまで戦略的にそれにコミットするべきであり、自身はそれができなかったのだ、ととらえられている。

なおここで重要なのは、就職意欲が低い企業にコミットできないことや、選考を不当と感じることは、この時点では、一方向的選抜図式のもとで、被選抜者としての劣等性として解釈され抑圧されていることである。次に紹介するケイコの語りからは、この解釈を覆せないことが明確な反応をとれない状況につながっていたことがうかがえる。ケイコは１人で悩む中で、やはり自身は、自分がコミットできないような選抜を行っており営利を目的とする民間企業よりも、別の仕方での選抜がなされ、より社会貢献への意欲が自然と結びつく公務員などを目指すべきではないかと考えたという。このためには１年間卒業を遅らせ準備をする必要があり、そのことをケイコは父親に相談した。しかし父親は、「そんな中途半端な気持ちで就活から逃げてるだけなんじゃないの」と言いケイコの進路変更に反対した[17]。ケイコはこれに対し「否定できなかった」と語る。

ケイコ　就活なんて茶番だって言っときながらもやってる人はやってる、ってことを考えると、そこでやめた私は、まあある意味逃げたっていうことにもなるので。問題を先延ばしにしてるだけなのかな、っていう風には言われて思いました。公務員もそんなに、公務員だからといって試験に受かればいいわけではないので、ちゃんと面接もありますし。普通に民間企業に就職するよりも楽っていうわけでは全然ないので、それをただ１年先延ばしにしようとしてるだけなのかな、っていうのって思いました。またやりたくないことをやらないでおこうとしてるだけなんだな、っていうの

でまた自己評価が下がっていって

就職活動を中止し公務員を目指すという選択も、眼前の行うべき就職活動からの逃避であるという解釈が提示され、これは先に挙げた、就職意欲が低い企業の選抜や、不当と感じる選抜にコミットできないことを否定的にとらえる傾向を強めたという。ここでは、他の学生との比較の中で、自身が特に、馴染めない選抜から「逃げ」ているだけのようにとらえられている。これは基本的に選抜を臨むべきものとし、それ以外の選抜を選択することを無価値化する、一元的メリトクラシーの認識やそれに対応した一方向的選抜図式に基づく解釈である。

(3) 別のプロセスを通じ就職を目指す

しかしケイコは、上に挙げたような解釈が、その後変化したことを語る。このきっかけとなったのは、高校時代の友人達との会合であったという。

ケイコ　3月の一番最後の週が、暗黒期だったんですけど、もうその時はずっと、外に出る気も起こらなくて、ずっと家にこもって、もう、ダメだな、ってことばっかり考えてたので、その時は出来なかったんですけど、1回、高校の友達と定期的に6人ぐらいでご飯に行ってるんですけど、その週にちょうど、その集会があったので。もう直前まで行きたくないな、って思ってたんですけど、母親に「今はいいから行ってきなさいよ」って言われて

ケイコは当初、この会合も参加したくなかったというが、母親の後押しもあり参加した。

ケイコ　同期の子達は私以外に5人いて、１人は留学してたので就活中で、３人が企業の一般職の子で、もう１人は理系で、Ｄ（専門職）になりたい子なので、みんな結構バラバラな状況なんですけど、でもそれぞれの段階で悩みとかを言ってて。そのＤになりたい子も、学校を出たからといって、ちゃんと就職できるかも分からないから、Ｄにも色々道があるらしいので、そういうところで悩んでるとか、あとこれから社会人になる子たちも、これから研修があるんだ、とか、お局さんがこわい、とか、色々それぞれの悩みをぶちまけている場だったので、悩んでるのは私だけじゃないんだな、っていう。そこで救われましたね。もう自分だけがすごいダメな人間で、だからこんなに何もかもうまくいかないいんだ、っていう思考になってたんですけど、まあ悩みなんてみんなあるもんなんだなって思って。それでこう気持ちを切り替えるきっかけになりました

ここでは、会合に集まった高校の同期生は既に進路が決まっている者もそうでない者もおり、それぞれの悩みを語っており、それを聞くと、就職活動がうまくいっていない自分だけが特別に悩んでいるのではない、と思えるようになったことが語られている。それまでは、「何もかもうまくいかない」という結果が、「自分だけがすごいダメな人間」であることによる、と解釈されていた。ここでは一方向的選抜図式に基づき、就職活動に対する批判を抑えられず、がむしゃらにコミットできず内定をとれない自身が否定的に解釈されている。しかしこの会合を経て、否定的解釈の根拠となる「うまくいかない」ことの意味が、再解釈により変化している。それは自身にだけ当てはまるものというよりも、多くの人々に当てはまりうるものとされている。さらに「うまくいかない」ことの意味の変化の仕方は以下の語りからもうかがえる。

ケイコ　就活のなんとかなる、というよりも、何もここで必ず内定取らないとダメなんだ、っていうか、負けなんだ、みたいなわけではないんだな、って思って。内定がゴールじゃないし。自分がそうやって自分のやりたいことを突き詰めてしまう性格ならとことん突き詰めればいいいし、って思って。そう思ったきっかけの言葉をかけてもらったわけではないんですけど

ここでは、会合を経ても、客観的な状況や後の選考に対する見通しが変化したわけでないことがまず語られた上で、しかしその客観的な状況の意味付けが変化したことが重要であったと語られている。その変化とは、内定獲得が目的としての自明性を失ったということである。それまでは、内定獲得は「ダメでない人間」なら誰しもが達成するものであり（個人の有能さの証明）、かつそこでは悩みが消え去り評価が確定する特異点とされており、そのことが、一方向的選抜枠組みによる批判的主体性の抑圧を強力なものとしていた。しかし会合の後は、内定を獲得できないことは「ダメな人間」であることを意味せず（有能さの証明機能の弱まり）、またそこで悩みが消え去り評価が確定するわけでもない、ありふれた点の1つでしかなくなり、それにより内定獲得の有無を根拠にすべてを評価する、一方向的選抜図式に沿った価値基準はあくまで相対的なものとされている。会合でそのような解釈が直接示されたわけではなくとも、既に進路が決まっている同期の悩みや、他の就職活動中の同期の悩みなどは、こうした認識を十分もたらしうるものと考えられる。

そして一方向的選抜図式が相対化される中で、「やりたいこと」を追求することは肯定され直している。その後ケイコは、一部企業の選考を受けながら、進路を考え直し、自身のやりたいことは民間企業よりも公務員の方がしやすいと判断し、それを最終的に父親にも伝え直すことになる。このことについては、進路を考え直す過程を説明した後に紹介する。

大学院へ進学した後に公務員試験を受験することを考え始めたケイコであったが、それでも4月初めまでに書類選考を通過した6社については、選考を受験することにした。1社目の面接についてケイコは以下のように語る。

ケイコ　15分しかなかったんですけど、志望動機も何も聞かれなくって、学生時代頑張ったことを中心に聞かれてたんですね。でその面接官の方も、座談会で結構お会いしてた方だったんですね。で、結構若い方で、入社2、3年目ぐらいの人だったので、ああ、顔見知りの人だ、って思って、お話してたんですけど、まあダメで（笑）。で終わった後も、あまり手ごたえはなかったんですね。ちゃんと志望動機とか考えていったのに、何も聞かれなかったな、と思って。これで何を判断されたんだろう、みたいな

短時間の面接で、志望動機などは問われず学生時代の経験が問われたが、ケイコはどのような点が評価されているのか分からず、選考通過の手ごたえも感じられなかったという。この企業で不採用となった際の反応についてケイコは次のように語る。

ケイコ　あ、ダメだったのか、って思って。あの面接で落とされたのか、みたいな（笑）。その面接を実際に受けてみて、こんな感じなのか、って思って、こういうので判断されちゃうのか、って思ってそれもまた就活に対する嫌悪感というか疑問みたいなのにつながっていたんです

ここでは、選抜の仕方について同意ができずに、就職活動一般に対する疑問がさらに強まったとされている。ケイコはその後の面接についてについても以下のように語る。

ケイコ　乗り切れなかったというか。面接を受けてる時も、ブースに分けられて一斉に面接とかをすると隣の声が聞こえてくるんですね。私はなんとかサークルのなんとかとして、相手の立場に立って、みたいなことを自己PRみたいなことをしているのを聞いて、冷めてしまったというか、本当にそんなことしたの？　っていうのを思って。で、たぶん私自身も、一応それなりに勉強もサークルも頑張ってきたんですけど、じゃあそこでどういう挫折を経験しましたかって言われても、そんな挫折だと思うようなことは経験してないしとか思ってしまって、そういう求められてる答えを言えばいいのかなあっていう、モヤモヤした思いがあって、なんかこの就活っておかしいんじゃない、って思っちゃったんです（笑）。かなりひねくれた考えなんですけど

ここでは、面接を通じた選抜にコミットしきれなかったことが「乗り切れなかった」という言葉で表されている。ケイコは、他の学生の面接の様子が隣のブースから聞こえてくる中で、そこで語られる自己PRが真正なものかどうかに疑問を抱き、真偽はともかくとしても、そうした自己PRに基づき選抜のなされる就職活動にコミットする意欲が冷却されたという。また自身の面接でも、実際に特に経験していない活動の中での挫折経験を問われ、それにうまく答えられず、そうした中で、求められた通りに挫折経験を語ることが評価されるのだろうが、それはおかしいのではないか、と感じたという。ここでは先に語られた、言説をもとに抱いた「茶番感」が、実際の相互行為を通じて改めて抱かれたことが語られている[18]。

またケイコはこれらの企業の面接を受けながら、新たな企業数社の説明会にも参加したが、就職意欲を抱けなかったという。以下は、活動初期とは個別企業説明会のとらえ方が変化したことを示す語りである。

ケイコ　最初の方はすごく面白かったんですよ。自分の知らないとこでこういう人達が働いてるんだ、みたいな。社員の方と座談会みたいな形でお話しできるのもあったので、どうしてここを選んだんですか、とか聞いてて、面白かったんですけど、だんだん、どこの企業も「成長」とか、「挑戦し続ける人を待ってます」みたいな、そういう言葉を使ってるな、っていうのは感じだして。そういうガツガツした感じの雰囲気にちょっと嫌気がさした、というか。たぶん2月ぐらいからだと思うんですけど、就活に対して疑問を持ち始めたのと並行して、その後の企業の説明会に行っても、私達はグローバルになんとかかんとか、挑戦し続ける社風です、とかいうよく分からないような言葉で、説明してるな、っていう風に思い始めて。それ以降は、説明会に行っても、どこも同じような感じだな、っていう風になっていきました。ただ12月とか1月の時点だと、どこの企業行っても面白いなって思ってました

ケイコ　でも2月はまだあれだったかな。4月頃にその、もう院に行こうかなって考え始めた頃にもまだ細々と、第何次募集とかのやつの説明会に行ったりとかしてたんですけど、その頃はもう完全に就活に対する不信感がすごかったので、ですね。4月のが一番そういうフィルターがかかってました

活動初期は、社員の様子などについて興味を抱くことができたが、就職活動に対する疑問を抱くようになるとともに、多くの企業に共通している、定番の決まり文句（「成長」「挑戦」など）に嫌気がさし、同じような説明がなされているように感じられ、興味が抱きづらくなっていったという。ここからは、個別企業への就職意欲が起こらないことを通じた民間企業一般への就職意欲の冷却が、選抜の正当性への疑問と関連し合いながら生じていることがうかがえる。

ケイコは、民間企業への就職への意欲の冷却と共に、別の進路を目指すことを考えるようになった。それは公務員になるというものであった。ケイコはこうした志望の変化に伴い、不採用に対する反応も変わったことを語る。

ケイコ　その時は、もうどんどん面接いっぱい受けていくうちに、就活への熱意が冷めていったので、それで落とされたからといって落ち込むことはなかったですね。むしろ、もう院に行きたいなって思い始めてた頃だったので、これいつ親に言いだそうかな、とか(笑)。手ごたえはあまりなかったので、面接でも。たぶんダメなんだろうな、とか。この企業にもし入れたとしても、そこまで悩んで自分のやりたいことっていうのを突き詰めようって決意したのに、「あ、内定もらえたからこっちでやろう」って言っていいものかどうかっていうのも思ってたので、そこまでショックはなくって。一番最後に残ってたのが法人Eだったんですね。でそこはそれこそ、利益団体でもないし、奉仕みたいな理念のもとに動いてる所だったので、そこだったら行きたいなと思ってたんですけど、もしここでそこがダメだったらもうきっぱり就活はやめて、院試の勉強を始めようって思ってたので。そこでもうそこがダメだった時点で、よし、と。もう就活はやめよう、って感じです

ここでは、就職意欲が冷却される中で、前項で紹介したように、特に精神的負担を感じなくなったことが語られている。むしろよりケイコにとって気がかりとなっていたのは、就職活動を中止し、大学院に進学した後に公務員試験を受験することを、どのように親に納得してもらえるかという点になっていた。このような、一方向的選抜図式がとられる中では逸脱としてとらえられる「就職しないこと」を、どのように他者に納得させるかという、リアリティ定義の調整がケイコにとっての懸案とな

っていた。ケイコ自身にとっては、就職できない／しないことは、既に納得できるリアリティ定義となっており、ここではむしろ選考に通過してしまった場合に、それに沿って改めて就職することを合理的なものとするように自己物語の一貫性を構築し直せるのだろうかという懸念が生じていた。ただし結局ケイコは不採用となり、自身では就職活動を中止することを決めた。このことを、以前就職活動の中止に反対していた父親に伝えた際の反応についてケイコは以下のように語る。

ケイコ しっかり考えてた時に、公務員を受けるにしてもやっぱり私は社会貢献できるような仕事がしたいし、利益のためじゃなくって、そのためには公務員の方が自分のやりたいことができるなっていう自信も出てきたので、その話を父にしたら、その時はもう、ああ、いいと思うよ、みたいに言ってくれたので。…（中略）…それからは新聞記事とかを、線引いてここ読んだ方がいいよ、って言ってくれたり、自分が今日面接した子で、こういう子がいたよ、っていう話をしたりとか。あとは、去年入ってきた新人の子で、すごく高学歴の子なのにすごくマイナーな部署に入りたいって言ってきた子がいる、でたぶんその子はうちの会社にとってその部署がマイナーだってことはあまり知らなかったんだと思う、だから適当なところに入ってしまって、その後全然ここは自分の思ってたところとは違った、っていう風に思うより、ちゃんと今の段階で考えた方が、それはそれでいいと思うよ、っていう話をしてくれたりしたので、私がマイペースに進めていっているのを応援してくれているという感じで

――面接しててこういう子がいたよっていうのはどういう話ですか

ケイコ 新卒と中途とあるんですけど、一番覚えているのは、中途で入ってきた人で、もう色んな銀行を転々としている人がいて、すごく自分に自信のあるような人だから、どこでもやっていけ

る自信があるとは思うんだけど、どこに行っても、こんなはずじゃなかった、みたいに思っている、という感じの人がいて、っていう話をされて。だから入る前のイメージと入った後は全然違ったりするから、何も今内定をとった子が勝ち組ってわけでもないし、3年後どうなってるかなんて誰にも分からないんだから、っていう話でした

ここでは、「やりたいこと」を重視することを支持する論理がより明確で一貫したものとなったように自身で感じられ、それについて父親に話すと、今度は父親も就職活動を中止することを認めたことが語られている。以前は、ケイコが企業への就職が自身の「やりたいこと」とずれているために意欲を抱けず、就職活動を中止する、というリアリティ定義に対し父は同意せず、ケイコが行うべきこととしての就職活動から逃げているという対抗的なリアリティ定義を提示していた。この時は父親はすぐにケイコのリアリティ定義を支えるアドヴォケイト（佐藤恵 1998, 2000, 2001）とはならず、ケイコはそこでの会話を通じ、自身のリアリティ定義やそれに基づく反応を維持しづらくなり、明確な反応をとれない状況に至っていた。しかし、その後ケイコは自身の考えを整理し、先のリアリティ定義をより一貫したものとし、再度父親に考えを伝え、そこで父はケイコのリアリティ定義を受け入れた。そしてそれを維持するのを助けるような発言をするアドヴォケイトとなっていた。

ケイコの事例からは、民間企業への志望そのものの弱まりと、正当な選抜を求めての移動という反応の複雑な混交が見いだされる。またケイコの反応のあり方は変化しており、それにはケイコの、周囲の他者や、企業側との相互行為を通じた、認識枠組みの変化が関わっていた。特に重要なのは次の点である。ケイコは最終的に、就職意欲の低さと選抜の正当性への疑問が重なり、就職活動を中止し、別の進路をとることになるが、これは（食品メーカーおよび他の業種の企業で）不採用となった当初にと

られるものではなかったということである。ケイコは初め、一元的序列や一方向的選抜図式の認識枠組みのもとで、自身の就職意欲の低さや選抜の正当性への疑問を否定的にとらえ、明確な反応をとれないような状況に陥っていた。ケイコはこの後友人との会食を通じて、このような認識枠組みの変化を経験し、その後の選考や説明会で企業への就職意欲が低下したこともあり、別の選抜への移行という反応をとるようになった。

むすび

本章では、不採用が重なり、また多様な選抜を思い描くことが困難であった学生の事例を分析してきた。結果として、学生が企業の選抜に対する批判を抱く中でそれにコミットしづらくなる場合があること、そしてそれが一元的な序列や選抜のイメージからくる「劣等」の意識と結びつきうることからくる困難が見いだされた。他方で、学生が批判をやめて内定獲得を目指すのではなく、次第に一元的な序列や選抜のイメージを捨て、別のより正当と感じられる選抜の場へと移動するという反応を描き出した。以下ではこれらの事例のもたらす示唆について論じる。

第1に、本章で見た学生のあり方は、竹内（1995）で提示された受験型人間像とは異なるあり方を示す。それは選抜を受動的に受け入れ、それに適合するよう自己を操作化するのではなく、選抜の正当性を吟味しそれに基づき自身からみて良いものとみなせる選抜を行う企業を選択する「探索型」の人間像である。これは竹内の紹介した日本のメリトクラシーのモデルでは一元的な序列や社会における主流の選抜が背景にあり、これが当てはまらない面が大卒就職の場面にあることを示すものだ。

もっとも探索型人間像の一端については第2章や第3章でも既に紹介してきた。しかし、そこで見てきた例の多くは、複数内定や複数応募が可能な中での選択であった。本章では、一見すると選択が困難である不採用が重なった状況でも、そうした選抜への参加を拒否し、最終的には別のより正当とみなせる選抜の場への移動を行う学生を紹介した。これは、これまで提示してきた選択に対しての、それは新卒就職という大枠の中での「主流の選抜」への適応がなされているにすぎない、という見方に対しての反例を提供するものだ。またそれは、(現在の採用選抜のあり方とそれに対する)批判が当人のキャリアに及ぼしうる影響の大きさを示すものでもある。

第2に、それは非認知的な特徴に基づく評価についての学術研究に見られる、被選抜者を受動的な「被害者」として位置づけるあり方に対しても疑問(そしてそれがもたらす実践上の寄り添いの困難への批判)をつきつけるものである。確かに、選抜は企業が下すもので、その結果は学生の期待に添うとは限らないという意味で、学生は受動的である。しかし一方で、否定的評価をそのまま内面化してしまう、という意味での受動性の仮定は必ずしも妥当なものとはいえない。学生の心理的負担を包括的に理解する上では、まず学生が企業側の評価の仕方を相互行為の中で観察し、批判的に吟味していることを踏まえなければならない。心理的負担についての学生の語りからは、選抜のあり方の正当性への納得できなさと、そうした選抜を通じ得られる地位や承認を諦めきれない様子が、しばしばうかがえる。学生は一方でそうした選抜から離脱することを考えるが、他方でそれに伴う損失(評価や地位)を受け入れる準備ができていない。他方でそうした選抜の正当性への疑問を感じないようにすることも困難である。こうした中での、規範的な、しかし個人的な要素も含む葛藤も、学生の心理的負担を説明する上で重要であった。

しかし、こうした状況をもたらすのは選考の中での相互行為のあり方であり、その影響を被るという意味ではやはり学生は受動的な被害者なのではないか。この点について本書は多くの留保をつけた上でのみ、同意する。確かに相互行為のあり方は主に企業側が統制するものであり（岩脇 2007; 福井 2008）、その作用を受けるという意味で学生は受動的である。ただし、こうした状況を「受動的な被害」と名付けることには慎重になる必要がある。第1に、上に挙げたように学生が主体的選択をしている側面が、見失われるおそれがある。第2に、被「害」と呼び否定的なものとみなす判断は必ずしも客観的なものとはいえない。これはそうした状況も、永続的な終着点ではなく、その後を通じた一連の流れの中にあることによる。本調査では、そうした状況の学生が、初めは予期していた、選抜から離脱することの影響を、必ずしも損失（評価や地位における）とみなさなくなっていく過程が見られた。つまり一元的な序列や一元的な選抜を仮定しなくなることを通じ、別の選抜へ移動していくことで、陥っていた身動きの取れない状況から脱していく過程が見いだされた。別の正当な選抜がなされる場への移動として、あるいは別の選抜を通じ得られるものがより劣位にあると考えなくなることで、学生は選抜を離脱したことについて当初のように否定的なものとは必ずしもとらえなくなっていた。もちろんこうした事例を一般化するのは危険であり、大きな心理的負担を伴う状況を被「害」として否定的にとらえる解釈ももちろんありうる。そうした解釈が共通理解として成立する場合は「被害」の語を用いることに本書も同意する。ただし、それ以外の解釈もありうるという意味で、受動的な被害者像は一般化できないと考える。

こうした状況をより一般的に定義する上では、「被害」よりも、一元的序列や一元的選抜に基づくメリトクラシーの観念と、実際の選抜をめぐる相互行為の状況の間の「ミスマッチ」の方が妥当なように思われる。つまりこうした状況での学生の心理的負担の要因は、企業の採用活動のあり方そのものにあるというよりも、所与の認識枠組み（従来の一元的序列や一元的な選抜方法に基づくメリトクラシーの観念）が、実際の企業の採用活動のあり方に対応する上で役立たないことにあるというべきであろう。

より具体化して言えば、一元的序列や一元的な選抜方法の認識のもとでは、企業からの不採用は、従属的地位への降下と、選抜を突破できない劣等のレイベリングを伴い、努力を通じた改善あるいは従属的地位への納得を要求するものである。しかし、評価の根拠が明確でなかったり、同意が形成されにくかったりする複合ゲームにおいて、努力を通じた改善や従属的地位への納得というのは必ずしも容易ではない。ここに、明確な反応をとれなくなる状況が生じる。学生にとっては、選抜のあり方が正当でないと感じられることもあり、そうした規範的コンフリクトは、この認識枠組みのもとでは表現されない。自身では納得できないものの、一般的な他者から否定されたように感じ、それをどうすることもできないという意味でのリアリティ定義の困難による心理的負担は、一元的序列や一元的な選抜方法の認識が、大卒就職の実態に無理に当てはめられる際に生じる。

一方で、学生はこうした認識枠組みが、自身の経験した就職活動の実態をうまく説明できないように感じ、これと異なる認識枠組みをとるようになる場合が見られた。それは多元的序列や多元的な選抜方法の認識であり、こうした認識枠組みを通して見ると、不採用は必ずしも従属的地位への降下や劣等のレイベリングを伴わないものとなる。またそれは、学生が感じた選抜の正当性への(個別的な)疑問をうまくとらえることができる。つまり、自身により正当と感じられる別の選抜がある、という観念を生じさせる。こうした場合、選抜結果の持つ否定的意味は相対化され、劣等のレイベリングは逃れられないものとしてではなく、人々が行いうる複数の現実定義の1つとして認識される。そして自身ではそのような現実定義を行わず、別の現実定義を行うこと(自身にとって正当な選抜を求めての移動)が可能となる。もちろんこのような現実定義がまったく意識されなくなるとは限らないが、それでもそれに対する反応を一定程度停止することができるようになるという意味で、佐藤恵(1998)のいう「脱自己レイベリング」がなされているといえる。

このような意味で、自身では納得できないものの、一般的な他者から否定されたように感じ、それをどうすることもできないという意味での、リアリティ定義の困難を生じさせているのは、採用活動のあり方とそれについての認識枠組みとの間のミスマッチだ、というのが本章の主張である[19]。

このことは、本書が行う一方向的選抜図式に対する批判にも通じる。実態に即さない認識枠組みの優位の中で、当事者がとりうる認識枠組みの幅が制限されることは、彼が状況を認識し、それに対応する主体性を発揮することを妨げてしまう。本書は、様々な認識枠組みを単に観察するというのではなく、認識枠組みが実態をとらえられるだけの許容度の高さがあることが、価値あるものだとする立場をとる。こうした立場の根拠となるのは、人々の自律性が価値あるものだという、基本的なレベルでの前提である。それは定義上、特定の「狭い」認識枠組みや価値的態度を賞揚する党派的な立場ではなく、それ以前の形式的な主張である。それは認識枠組みや価値的態度の多元性を認め、そうした多元性が、現実をとらえ、それに対し反応するのに役立つと主張する。

本書は、一方向的選抜図式、あるいは一元的序列や一元的選抜方法を前提とした認識枠組みに対し、双方向的評価図式や、多元的メリトクラシーの認識枠組みは、より包括的である（従来の認識枠組みによりとらえられていた実態をとらえられなくすることがない）という点で、より望ましいと主張する。従来の枠組みは、確かに過去の一部の実態を説明する上では十分であったかもしれないが、現在の実態を説明する上では狭いものとなってしまっている。こうした中で、実態をよりよく説明できるような認識枠組みをとれるようにすることは、社会科学がなすべきことであろう。

日本の大卒就職における選抜評価は、集合的カテゴリーに基づく解釈がなされず、個人的なものとして解釈される場合もあった。しかしこれは、すぐさま個人の自己帰責や劣等意識をもたらすものではなかった。このことには多元的な選抜の認識や、選抜の正当性を批判的に吟味する主体性が関わっている。個人は選抜評価を自身の部分的特徴（あるいは場合によっては一時的な状況）に帰し、別の選抜の仕方では評価されるという期待を抱く場合があったし、個人的な特徴への評価の仕方の正当性に疑問を感じ、正当な選抜を求めて移動する、という反応をとる場合もあった。一元的な序列や一元的な選抜の仕方（一元的メリトクラシー）の認識は、少なくとも不採用を経験した学生にとっては（また不採用を経験しないまま内定した学生の一部にとってすら）、就職活動を進めるごとに、現実に対し適切に反応するのに役に立たないものとなっていた。

注

（1）なお、インタビューを行った時期は以下の通りである。後に紹介するフミの就職活動のあらましを参照してほしい。第1回のインタビューが行われたのは、フミの4年生の9月中旬（4年生の4月に就職活動を中止し、その後1社目のインターンを3か月行い、インターン先の新卒採用の最終選考で不採用となり、再度活動を中止して1か月後）、第2回は、4年生の10月上旬（第1回の3週間後、1つ目のインターンを再開し、2つ目のインターンを始めた後）、第3回は、5年生8月上旬（新卒採用イベントで1つ目のインターン先の選考で不採用となりインターンをやめ、2つ目、3つ目のインターンを続け、内定を得た直後）である。

複数回のインタビューを行う場合、各インタビューの間で解釈の違いがありうるということに注意する必要がある。ただし2回目のインタビューは1回目では時間が不足したため日を改めての実施を依頼したもので、実施日の間隔は短く（3週間）、語りの内容についての解釈の違いはほとんど見いだされなかった。

これに対し3回目のインタビューは、フミの就職先が決まった後のものである。そこでは基本的に前回のインタビュー以後の10か月のできごととそれについての解釈を聞いており、それ以前のできごとについての再解釈の語りはわずか（最後の、自身の就職活動全体の振り返りの語り）であった。

このため本章では、出来事の時系列順に語りを並べることとし、以前のインタビューで中心的に語られた時期についての補足や再解釈の語りについては、そうであることを明示することとした。

（2）他方でフミはOB・OG訪問については、このような嫌悪感を抱かなかったと語る。

フミ　私個人的にはそういう色々な人に会って話したりするのがすごい好きなので、そういう意味ではすごい楽しかったですね。だから別にまあ私結構就活の枠を超えて、この人と話す、就活とかじゃなくてもこの人と話す、みたいなのはすごい楽しかった（１回目）

この語りからは、フミが就職活動をすることそのものというよりも、日本の就職活動の相互行為の形式の一部について嫌悪感を抱いていたことがうかがえる。後の語りにも表れるが、それは、個性や能力よりも、ルールに合わせて行動することが要請される、従順ゲームのあり方である。

（3）仕事内容について、フミは在学中の活動を通じ、「人をサポートする仕事みたいなのがやりたい」（1回目）として、人材サービス業あるいは、他の業種の企業の人事職などを希望していた。他の業種については、業務内容や企業理念に対し共感できるかどうかを重視し、企業を選択していたという。条件については、転職する可能性も視野に入れていたため給与はあまり気にしていなかったという。また応募企業間の志望度の違いには、説明会やOB・OG訪問での社員の様子が影響していたとが語られていた。

（4）この語りの直前にフミは以下のように語っている。

フミ　やっぱり基本的に企業のインターンシップってプログラムが準備されてて、それに参加して何かやる、みたいな。それも１週間とかでグループワークをやって、みたいな感じ。特に働いている人が見えるわけじゃなく、業務が分かる訳でもなく。もちろんまあ話は聞けると思いますけど、なんかあんまりそれって意味あるのかな、って思って。あんまり自分の時間を投入するのに価値を見いだせなかった、みたいな感じですかね。やっぱりすごく受け身でもOKとか、受けて自分インターン行ったわ、みたいな感じで自己満足みたいになっちゃうんじゃないかな、みたいな。あまりそういうのが好きじゃなかった感じでしたね（１回目）

（5）なお2回目のインタビューで、就職活動当初、どのような採用基準についての認識を抱いていたかをフミに尋ねると、以下のように答えていた。

フミ　受ける前は、分かってなかったですよね。何も分かってなかったです。たぶん本当に明らかに分かる学校名とか、スキルとかですよね。プログラミングができます、とか語学ができます、とか。そういうことかそのぐらいしかイメージがつかなかったですよね（2回目）

ここでは採用基準について明確な認識を抱いていなかったことが語られている。一方でスペック・ゲームやスキル・ゲームの認識が見られる。また、従順ゲームの認識も一定程度抱いていたと考えられる。これに対し、選考後は、コミットメント・ゲームの認識が強まるなどしたことが語られている。

（6）なお、仕事競争モデル（Thurow 1975=1984）を参照することで、選抜結果への同意が生じにくい理由の一部は説明できる。学生は自身が職業能力があるかどうか（したがって内定を獲得すべきであるかどうか）について、主に自身の「絶対的」な能力をもとにとらえている。これに対し、就職選抜の結果はあくまで仕事待ち行列の中での「相対的」な位置により決まる。このため、「絶対的」な能力があるし、それを選考でも示すことができたと考える学生が、採用枠や他の学生との関係で不採用となることはごく普通に起こりうる。またこうした形での不採用が繰り返されることもあるだろう。これは事前の期待や選考の中で感じた手ごたえと、実際下される評価との間のズレを生じさせ、リアリティ定義の競合を引き起こす。

しかしこのような学生の「錯覚」による説明はあくまで部分的なものである。フミや、他の選抜を正当ととらえなかった学生の不満を理解する上では、これに加え、彼らの選考の相互行為についての認識が重要である。彼女らは、自身の「絶対的」な能力に自信を抱いているが、多くの選考について、それを示す機会が十分にあったとはとらえていない。つまり選抜評価がいかになされるか、の部分に対する批判が生じやすくなっているのである。

（7）フミは、特に年上の、自身についてあまり知らないような知人から、このような声を受けることが多かったと語っている。

フミ　年上のおじさんとかの方がそういうこと言う人多かったかもしれないですよね。…（中略）…逆に、友達とかで私をよく知ってる人は「いや、別に全然大丈夫だよ」みたいな。相手が悪いみたいな風に励ましてくれるから。「そんな言い方するとかおかしいでしょ」みたいな感じで言ってくれると、自分を励ませるから（２回目）

一方でここでは、自身についてよく知る友人等は、フミが有能であるという解釈を否定しない形で、企業側が悪い、という解釈を提示してくれたことが語られている。フミはこのような解釈が、自身にとって支えになったと語っている。先に論じたように、フミにとっては、自身のリアリティと一貫しないような形で否定的なラベルが付与され、そのことに抵抗しがたく、安定したリアリティ定義が築かれないことが心理的負担の要因となっていた。これに対し友人達の解釈は、否定的なラベルを無効化しフミのリアリティ定義を妥当なものとするものである。こうした意味で友人達はフミのアドヴォケイト（佐藤恵 2000）となっていたと考えられる。ただしこうした中でも、フミのリアリティ定義の競合による心理的負担は完全に解消しなかったと考えられる。確かにフミをよく知る友人達はフミのリアリティ定義を支持するかもしれないが、一般的に妥当するリアリティ定義とフミが想定するものは変わらないからである。

(8)　選考不通過に随伴する否定的意味は、選考の中で直接評価されると考えられうる属性などだけでなく、その外側の、選考通過のために戦略的に行為する能力や、入社後（あるいは入社できないこと）に得られると考えられる地位なども含む包括的なものであると考えられる。

(9)　そこには、周囲の多くの学生や元学生の「社会人」がこれに適応している中で、適応できない自分はあくまで少数者かもしれない、という認識が反映されている可能性もある。

(10)　同様に、フミは、ＯＢ・ＯＧ訪問数を増やすことが企業への志望意欲の高さの証となり、選考を通過しやすくなると認識していても、それが合理的と考えられず（自身のコミットメントについての実績を築くために、社員の貴重な時間を奪うことになる）、しようと思えない、と語っていた（ただしここで否定的にとらえられているのは、あくまで選考対策として行うＯＢ・ＯＧ訪問であり、企業について知るためのＯＢ・ＯＧ訪問についてフミは否定しておらず、実際に5人ほどのOB・OGとも会っていた）。フミは学生のコミットメントを測る・示すためのOB・OG訪問のように、「謎のものが合理性を持っているのが日本の就活だと思います」と語り、評価基準についてある程度認識を抱くようになった後も、就職ゲームにコミットする意欲が抱きづらかったと語っていた。

(11) なお、Sharone の挙げたイスラエルの事例では、スペック・ゲームの認識が一般的に抱かれている中で、システム帰責がとりやすく、また他者と共有しやすいものとなっていた。これは自身ではなくシステムが悪い、というリアリティ定義を安定化させることにつながっていたと考えられる。これに対し、本事例では、複合ゲームの中でシステム帰責が当人にとってそもそもとりづらい面があり、またそれが他者と共有できるという見通しを抱きづらい状況となっていた。またコミットメント・ゲームや従順ゲームといったサブ・ゲームの正当性に対する疑問についても、調査対象者の多くがこれを語っていた一方で、そこでは多くの場合、企業側にとっての合理性（内定辞退を防ぐことや、組織への順応）への理解も同時に語られていた。企業一般の選抜の不当さについて他者を説得することにより、リアリティ定義の競合を解消するという反応は、学生にとってとり難いものとなっていた。

(12) こうした中、社会科学者も、応募者側の選択について賃金や企業規模により定まるという功利主義的な前提をおくことそれ自体がもたらす作用を警戒する必要がある。

(13) 本調査で就職活動を中止した対象者はフミのほかに、ヤス（首都圏、大学入試難易度中位、男性）、トキコ（首都圏、大学入試難易度中位、女性）、ケイコ、タツ（首都圏、大学入試難易度下位、男性）、ミズホ（首都圏、大学入試難易度上位、女性）の5名がいた。このうち、ヤス、トキコ、タツ、ミズホの4名は、主に就職意欲を抱ける企業がなくなった（あるいは元々なかった）ことにより、就職活動を中止するに至っていた。一方で、ケイコの事例については、個別企業への就職意欲の低さと、選抜の仕方への批判が共に見られ、それが就職活動を中止することにつながっていた。

(14) ケイコはインターンシップについて、2つの1dayインターン（企業が開催する、自社の説明やグループワークを含む説明会）に参加したが、応募理由について、「企業を見るとかではなくって、就活するなら行かなきゃいけないのかな、っていう感じで。だったので、そこまで行きたいわけではなく、って感じ」と、それが積極的な意欲に基づいていたわけでないとしていた。さらにケイコは応募理由について以下のように語る。

ケイコ　行った方が有利になるとか、例えば面接とかでも、インターンに行った経験を話せる、があるだろうし、色々就活のプロセスみたいなのを見ていると、インターンに行って、自己分析して、企業研究して、みたいな、そういうのを聞いてると、それ全部やっていかないといけないのかな、って思って

ここでは、インターンを企業選択のための情報収集の場というよりは、「通過していく行事」の一環としてしなければならないもの、あるいは選考で有利になるための手段、ととらえていたことがうかがえる。なお入試難易度が高いケイコの大学では、周りの学生がインターンに行くことも多く、これがインターンを「やっておくべきこと」ととらえさせた可能性もある（地方大学や、入試難易度が低い大学の対象者は必ずしもこのような認識をとっていなかった）。

ケイコが参加した１dayインターンのうち、片方は民間企業のもので、グループ・ディスカッションなどを経験できたことには満足したものの、特に志望にはつながらなかったという。もう一方は、地方自治体のもので、ケイコはそこでのグループワークを通じ業務に興味を抱いたものの、やはり志望にはつながらなかったという。

ケイコ　今思えばそこでたぶん魅かれるものがあったので、行く道も考えなかったのはなんでだろうって思ったんですけど、たぶん公務員の子たちはもう勉強を既に始めてますから、その時点でもうストレートで行くならもう間に合わないなっていう思いがあったかもしれない

地方公務員試験の準備には時間がかかるため、当該年度では準備しきれないだろう、というのが民間企業の就職活動継続の理由として振り返られていた。これらの語りは、具体的なイメージに基づいた選択というよりも、年度内に通過すべきものとして就職活動をとらえていたという語りと一貫するものである。

(15)　ケイコは、ほかに、情報誌を読み、企業の離職率、給与、求める人材像なども参考にしていたと語っていた。

(16) ケイコはさらに、インタビューで上の語りから別の話題に移った後、再度上の語りの状況が調査者によく伝わるように、以下のような説明のし直しを行っていた。

ケイコ 3月の終わりごろに、落ち込んでたっていうのもどっちかというと、自分が選考で通過できなかったっていうことよりも、もっといっぱい採っている所にちゃんと応募してなんとしてでも内定を取るんだ、っていう考えのもと賢く立ちまわるべきだったんじゃないか、っていう考えと、でもそうじゃなくって、ちゃんとやりたいことを突き詰めていきたい、っていう思いを捨てきれないっていう、葛藤というか。捨てきれないことが甘いんじゃないかな、とか。まだどっかで親に甘えてたり。自立できてなかったりしてるんじゃないかな、っていう思いで、こう落ち込んでたので。3月のその時点ではあまり落ちたことに関して落ち込んでたわけではない感じです

ここでは、不採用そのものというよりも、戦略的に行為できない自分の態度が、自立の不足や親への「甘え」の証として否定的にみなされたことが、心理的負担の主な要因であったとされている。ただし「葛藤」という表現からは、このような否定的解釈が支配的になったというよりも、それが生じつつも他方で、自身の選択を重視する態度も併存し、明確な態度がとれない状況にあったことがうかがえる。

(17) なお、ケイコの父親は企業の人事部で働いていたが、それまでケイコに対し採用の実態について情報を与えるものの、ケイコの選択については基本的に「口出しはしな」かったという。

(18) ケイコは同様に、面接について以下のように語る。

ケイコ 最初の方だと、自分が例えばサークルのことを話していたとしても、そこで企業の面接官の人が、じゃあそこで周りの人とどうやって協力したの？ とか周りの人をどうやって説得したの？ とか。あと失敗した経験があると思うんだけど何かある？ と聞かれたりとか、そういう質問、想定してないっていうか何もエピソードが思い浮かばないような質問をされちゃうと、あ、特にないです、みたいに答えてしまうこともあるので、そうですね、そこがちょっと準備不足だったなあ、とか思ったり。あとは、そうい

う学生時代に頑張ったこと、とかいうお話はできても、自己ＰＲをして下さい、って言われると、私は粘り強さに自信があります、とかそういう風に言うのがちょっと自分で苦手だなと思ってたので、うまくこうお話できなくって、反省したりとか。感じですかね。集団面接とかだとほかの人のＰＲとかも聞くんですけど、もう明らかに全部準備してこう話して、こう突っ込まれたらこのエピソードを持ってくる、みたいな。もう全部用意してるんだろうな、っていうのが分かったので。私は準備した答えを言いたくないな、とは思いつつ、でも就活ではそういうのが求められてるのかな、って面接中にこう思ったりとかしてました

ここからは、「準備不足」や「反省」というように、他者帰責だけでなく、自己帰責もなされていることがうかがえる。このような、自己帰責と他者帰責の混合した解釈は、明確なシステム帰責をさせにくくしたと考えられる。

(19) またトラブルを個人的なものとしてみなす自己帰責か、社会全体のものとみなす他者帰責とみなすか、の二項対立（Sharone 2014）も、学生が自身のトラブルを解釈し進路を方向付ける際には有用ではなく、学生は正当性の個別的追求と呼ぶべき仕方でトラブルを解釈し進路を方向付けていた。

第5章

「受かればいい」わけじゃない
——素直な自己呈示という戦略

はじめに

本章では、「受験型人間像」と一致する、とにかく面接を通過することだけを目指し自己を操作化する皮相な像に対し、異なるあり方を提示し、その部分性を指摘する。そして就職活動における応募者のあり方をより包括的に理解するために、どのような人間像を組み合わせる必要があるかについてさらに論じる。これは現在の日本のメリトクラシーで見られる探索型人間像の内実をより豊かにする試みでもある。

前章では不採用の際の反応を描いたが、本章では選考への臨み方に注目する。もし学生が単に目の前の選考の通過と内定獲得だけを目指すならば、面接ではどのように振舞うだろうか。戦術としては、「本当の自分」とは無関係でもよいので、できるだけ企業から良く見られるように、嘘や演技をすることが考えられる。このような、相手を騙してでも利益を手にする機会を逃さないようにする態度は、経済学で機会主義（Williamson 1975=1980）と呼ばれる。確かにこのような態度は、就職活動中の学生の間に見られるものであるし、先行研究でも強調されてきたものだ（竹内 1988; 福井 2008）。第3章や第4章でも、「騙したもの勝ち」で機会主義が横行することが、学生の就職活動に対する嫌悪感につながっていることを、示してきた。

しかし、本章では、このような態度が、就職活動中の学生の態度のすべてではなく、就職活動が単なる騙し合いの不毛な場でもないことを示す。就職活動には、学生と企業が共に良い相手を見つけようとする場という側面もあり、その達成のためには、相手を騙す戦略がむしろ邪魔になる場合もあり、それにより機会主義が抑えられる側面もあるということを本章では示す[1]。良い相手を見つけようとする場としての側面と、騙し合いの場としての側面を組み合わせることで、就職活動の特徴はよりうまく説明されるだろう。

以下、第1節では、なぜ学生が機会主義的な態度をとらない場合があるかについて、露見のリスクに基づく説明、および一般的な道徳に基づく説明の2つを取り上げ、それらのみでは不十分であることを示す。第2節では、機会主義的な態度をとらなかったとする学生の語りを分析し、学生が、企業からの選抜の力を借りる形で、自らだけでは情報が不完全なため発見が難しい自身に適した企業を見つけようとしており、そのためにわざと自分を「素直に」さらけだしていたことを示す。最後に、この結果をもとに、就職活動中の学生の目的意識のあり方や選考の場がどのように説明できるかを述べる。

1 不確定の目的

学生の機会主義的な自己呈示はどのような理由で抑制されるのか。

まず考えられるのは、嘘が露見し逆に不採用につながってしまうことへの恐れである。これは内定獲得にとって得か損かという功利主義の枠組みの中で説明できる。セイラ（九州、大学入試難易度上位、女性）は自己PRをどの程度よく見せようとするかについて次のように語った。

セイラ　嘘つくとなんかボロが出そうな気がして。まあ若干盛る（実際よりよく見せる）ぐらいで。突っ込まれても対応できるぐらいの盛り方で。ちょっと数字いじくるぐらい

ここでは、全く事実に基づかない自己PRをすると、面接官に嘘が露見してしまいやすくなるから、そうしなかったことが語られている。確かに、偽りの自己呈示をすることは、それが露見した場合、それだけで応募者の信用を貶めることになり、内定獲得に不利に働くと考えられる。このため機会主義的行動には一定の歯止め（露見しない可能性が高い場合にのみこれを行う）がかかるだろう。

しかしセイラは同時に、自己PRに出てくる数値などを自身に有利なように改変したことも語っている。日本の大卒採用では、企業は選考に応募する以前の学生の様子については知らないことが普通であり、露見の恐れによる歯止めは限定的だとも考えられる[2]。内定獲得にとって損だから、という説明は機会主義の一定の抑止を説明できるが、それだけでは不十分である。

第2に、一般的な道徳による説明がありうる。「嘘をつくこと」は一般的に望ましくないことであり、個人はそのような道徳的理由から機会主義的行動を避ける、という説明だ。これは機会主義的行動をとらないことについて、先ほどの功利主義的な理由よりも積極的な理由を与える。

しかしこの説明の不十分さは、以下のような語りから明らかである。コウジ（首都圏、大学入試難易度上位、男性）は、面接で嘘をつくと語っていたが、そのことに抵抗を感じなかったかと尋ねると、以下のように答えた。

コウジ　まあ日常生活ではもちろん（嘘を）つかないようにはしてますけど。まあ就活とかはそういうもんでしょ、みたいな。企業側だって説明会で悪いこと言わないし盛ったりするし、まあお互い様なので。それは向こうもそういうものだと思ってるでしょう、ということで。向こうが本当に全部情報を明らかにしてくれる、とかだったら罪悪感とかがあったりしますが

ここでは、日常生活では道徳的に嘘をつくべきでないと考えていても、就職活動の場でも同様にしなければならないとは考えなかったことが語られている。またそもそも企業も学生に対し自社の良い面を見せようとする以上、学生側も同様にして問題はない、という論理も示されている。このような語りは、まさに就職活動が騙し合いの場だ、ということの裏付けのようでもある。

このように、露見のリスク、あるいは一般的な道徳による説明も、それぞれ機会主義的な自己呈示を行わない理由の一部を説明しているが、それぞれの説明範囲には限界がある[3]。

これに対し本章で提示するのは、たとえ自分を偽って内定を得たとしても、それが必ずしも自身にとって得にならない、という説明である。上述の2つの説明は、求職者の目的が内定獲得にあるとした上で、機会主義が得であるにもかかわらずなぜこれがなされないか、ということを説明するものである。これに対し本章で提示する説明は、求職者の目的を内定獲得よりも広くとらえるものである[4]。

次節では、学生の目的意識に注目しつつ、選考における自己呈示の仕方の、従来指摘されてきたのとは異なる戦略性を描き出す。

2 適性重視というあり方

本節では、機会主義的行動をとらない、という明確な態度について語っていた2名の学生の事例を検討する。特に、内定を獲得することとは異なる、目的意識のあり方に注目するため、それぞれの学生の業種・企業への志望や、選考の状況（内定を獲得するのにどの程度苦労していたか）を含めて記述する。

ミヤビ（九州、大学入試難易度上位、女性）は法学部の学生で、公務員を目指すことも考えたが、「自分のしたいことに特化してできる就職っていう方が面白い」と考え、就職活動を開始した。中でも、県内に数社しかないA業種の企業を志望していた。

ただしミヤビは選考に向けた事前の準備をほとんどしなかったという。ミヤビはA業種の選考について以下のように語る。

ミヤビ　私、面接の練習とか全然せずにもうそのまま行きあたりばったりというか、それでやってたので、全然面接でダメで、全然進まなかったです

A業種の選考を通過できなかったことは、ミヤビにとって「もうこれで自分のしたい仕事には就けないんだっていう絶望感」をもたらすものだったという。その後ミヤビはあまり関心を抱いていなかった他の業種の企業の選考にも応募した。これらの選考は卒業年度内に内定を得るためには重要なものだったが、ミヤビはやはり面接に向けた準備はせず、結果として内定を獲得できなかった。

翌年度ミヤビは再び就職活動に臨み、まずはA業種の企業に応募した。ミヤビは2年目について

「今年1年で卒業も就職も絶対しなければならないっていう尋常でないプレッシャーがあった」と語るが、筆者が自己PRなどで自分をよく見せようと嘘をつくかと尋ねた際、以下のように語っている。

ミヤビ　盛りはしなかったです。盛ってはないですね。志望動機とかでほんと興味ない業界とかはちょっとすごい究極にひねり出した気はしましたけど、でもそのほかの自己アピールとか、本当に行きたい所とか、ある程度行きたかった所の志望動機とか面接受ける態度とか、あとはエピソードとかあるじゃないですか。そういうのは絶対嘘はつかなかったですし、もう本当にそこはありのままで勝負してきたなっていうのは、2年間はずっとそうでした。たぶん、社会人の先輩じゃないですか、人事の人とか。やっぱ見抜いてしまうんだろうなとは思うんですよね。それに自分で合うって思ってもらった所に採ってもらいたいなっていうのはあったので

ここでは、志望動機については、まったく興味のない業界についてはは多少興味があるように偽った面もあるが、一定の関心のあった業界の志望動機や、自己PRの内容について嘘をつくことはなかったとされている。その理由としては、嘘をついても見抜かれてしまうだろうという認識と共に、「合うって思ってもらった所に採ってもらいたい」ことが挙げられている。これは企業に、「自身の真の特徴」を見てもらい、それに合うかどうかを企業側に判断してもらうことで、自身の適性がある企業に入りたい、という希望である。

ミヤビはこのアプローチのもと選考に臨み、前年の経験が少しは活かされたとしつつ、当初志望していたA業種の職種限定採用では内定を得られなかった。その後は1年目よりも業種や企業の幅を広げ選考に応募したが、その中でやや遅く選考を行っていたA業の事務職の選考も受け、内定を得た。

ミヤビは、内定を獲得したいという意思は強かったものの、機会主義的な自己呈示をしなかったと

語っていた。この理由は、ミヤビにとっての目的が単に内定を獲得するということだけになかったことにある。ミヤビにとっては、自身が適性のある企業に入社することも重要であった。「合うって思ってもらった所に採ってもらいたい」という語りからはこれがうかがえる。「ありのまま」の自己呈示は、そのための合理的戦略としてもとらえられる。すなわち、企業側に自身の真の特徴を見てもらい、企業側が選抜において妥当な判断を下すことを助けることを通じ、自身が適性のある企業に入社しやすくなる、というわけである。

次にもう1人、より詳しくこの戦略について語っていたアキオ（首都圏、大学入試難易度上位、男性）の事例を見ていこう。アキオは大学入学時は明確な「やりたいこと」はなく、多様な経験ができるとして漠然とコンサルティング業に関心を抱いたという。アキオは大学3年の早い時期に就職活動を意識し情報収集を始めていたところ、給与や外国との関わりに魅力を感じ、外資系企業を志望するようになった。

アキオは企業情報を収集すると同時に、自己分析を行ったり、友人や家族に自身の印象を聞くなどして、自身の適性について考えたという。

アキオ　友達とか家族に、自分ってどんな人間なの？　っていうのを聞いたりして。結構かぶる印象っていうのは多かったのでそこをピックアップして、自分はこういう所が強みだとか、こういう所が弱みだっていうのは洗い出してましたね

また自己分析の作業は、具体的には、自身のこれまでの人生を振り返り、印象的な出来事をすべて書き出し、それを通じて自身の特徴やそれを裏付けるエピソードを探ったという。特に「最近の表面的な出来事だけじゃなくて、もっとこう幼少期の経験から深掘り」することで、すぐに変化すること

はない、自己同一性を探ろうとしたという。

こうした作業を通じ、自己同一性についての明確な認識を抱いたことは、アキオの後の選考結果の解釈のあり方とも関連したと考えられる。

アキオは外資系企業の本選考に臨み、エントリーシートは概ね通過でき、その後の面接についてもいくつかの企業については通過でき、最終選考に進むことができた。外資系企業の選考を通過できなかった際の解釈についてアキオは以下のように語る。

アキオ　会った時に、まずい、この人と合わない、って思ったやつは大体落ちましたね

――なるほど、合わない。どういう時に合わないなって思いました？

アキオ　やっぱ、まあ圧迫面接ではないんですけど、ちょっと高圧的な人だったりとか、ハナからこいつどうなんだろうっていう目で見てる人、やっぱり学歴とかがすごい出てきてるのかな、とか思ったんですけど。実際その人の、面接官の方から、君の大学は僕の会社にいないけど、ＯＢとかに会ったりできないの？　とかコネクションどうやって作ってるの？　というのを言われたりとかしたので、学歴を重視してる方だな、とか感じた時には、たぶん合わないな、って感じてしまったりとか。逆にそういうのをまったく気にせずに、自分のパーソナリティとかをどんどんどんどん聞いてくれる面接官の方は、楽しく面接もできますし、割と合ってうまくしゃべれたなっていうのはありますし

――自分について色々聞いてくれて、それでしゃべれた人と、そうじゃなくてそもそも

アキオ　資格だったりとか社会的なステータスを重視する人ですね。そういう人達とはやっぱちょっと合わないなと感じました

―― じゃあ選考で、落ちた時の受け止め方っていうのは、割と今おっしゃった感じですか？

アキオ 合わないなって思ったのがほぼ、80％、90％。あとはもう単純にこの発言はまずかったな、とか自分の能力が足りてなかったな、っていう反省する部分が時々ありましたけど。でもそんなに多くはない

ここでは、不採用が主に面接官との相性によって解釈されていたことが語られている。その後アキオは最終選考に進んだ企業でも不採用となり、外資系企業への就職を諦め、日系企業への就職を目指して活動を行った。

アキオは選考対策として自己分析をしていたが、一方で自己PR内容を企業に合わせて変えるということはしなかったという。またそのためにOB訪問をすることもなかったと以下のように語る。

アキオ OB訪問に生産性がないと思っていて。かなりとがった意見になっちゃうんですけど。結構今の就職活動してる学生って、OB訪問してそのOBさんから聞いた話をもとに自分の経験とかあるいは考え方を、その会社に合うようにすり寄せていくじゃないですか。それって自分じゃないじゃないですか、ほぼ。書面の上では結局それに寄せて言った意見なので、それはあなた自身ですか、って言われると、いや寄せた意見です、ってなってしまうのかな、と思っていたので。まずそれがしたくなかった。今の学生としての自分を、新卒採用という場なので、社会、その会社に合ってるかどうかではなくて、今の自分の能力とかを客観的に見て採ってほしいなっていう風に考えていたので、まあそれはしたくなかったのと。

あとはOB訪問するとすごい素晴らしいOBさん、社会人の方とお会いする機会って非常に多いと思うんですよ。でそれは、学びになるんですけど、その学びって今やらなきゃいけないこと

かっていうと、たぶん違うかなと思っていて。結局入社した会社で活かせる能力とそうじゃない能力ってあると思うんですね。でOB訪問をやたらめったらやってると、たぶん金融だけじゃなくてメーカーでもOB訪問して商社でもOB訪問して、って色々やると思うんですけど。それぞれの魅力って全部違うと思うんですよ。でそれを吸収しようとして、結局今の自分に付け足し付け足しっていうのをやってると、自分の強みって何か分からなくなってくるんじゃないかな、っていう。で今持ってる強みを失わせてまでほかの人の物真似をして、就職活動をしていくことに何の意味があるのかなって思ったので。まあそれはするべきじゃないかな、って。今の自分の強みをそのまま出していこうって思ったのでやらなかったです

――それは、そうした方が受かりやすくなるかも、とかそういう手段的にそうしよう、みたいなそういうのは

アキオ　まあ結局内定をたくさん獲得することは、まあもちろんもらえれば嬉しいですけど、それが目的じゃなくて。自分がどこで働くか、それを決めるのが目的だったので、結局繕った自分で採用されてもたぶん入った後辛いと思うんですよね。それが目に見えてたので、今の自分を出して、それでもいいよ、って言ってくれる会社、そこに行った方がいいんじゃないかなっていうのはありました

この語りには、自身の元々の強みで勝負したい、という姿勢が表れている。一般的に学生はOB訪問を通じ企業側の求める人材像などを読み取り、それに合わせて自己PRなどを調整する作業をするが、アキオは、そのようにすることで、自己呈示が本来の自身の特徴と乖離してしまうのではないか、としている。アキオはそのように、自身を企業に合わせて企業との相性をアピールするのではなく、

自身の元々の能力をアピールしたいと考えていたという。

またアキオは、OB訪問では社員から学び成長することもできるかもしれないが、様々な業界にロール・モデルを見出し真似る中で、自身の特徴が分かりにくくなると考えていた。そしてアキオは、自分自身の特徴あるいは自己呈示を企業に合わせていくことを、しないようにしたという。

筆者がそれは内定獲得の上で意味があるのではないかと質問したのに対し、アキオは、内定獲得そのものが目的ならばそうかもしれないが、就職活動の目的は内定獲得だけではなく、むしろ自身が将来働くべき企業を見つけることにあり、この目的からすれば、自身の特徴を見失ったり自己呈示を操作したりすることは、無意味どころか、入社後の適応の負担を生むことになりかえって損であると説明した。

このように就職活動を定義づけることで、アキオは、機会主義的に自己呈示を操作するよりも、自身の特徴をそのまま呈示することの方が優るという考えを示し、当時の自身の行為を説明している。アキオはその後日系企業の本選考を受ける。アキオは、日系企業の選考では率直な自己呈示をし、そのため面接官と口論になることもあったと語っていた。

アキオ　結構自分は考えてることポンと言ってしまうので。まあなんかこう、社員さんが言ってることとかと違うな、と思ったら反論してしまったりして。まあそこでけんかっぽくなってしまったりとか（笑）

ここでは、うまくいかない面接としては、面接官が自身の話に関心を抱いてくれない場合や、社員に対し率直に考えをぶつけて口論になってしまうような場合が挙げられている。

こうして面接官と口論となることもありつつ進んだアキオの日系企業の本選考であるが、他の企業の2次選考は概ね通過していた。結果的に、あるメーカーからアキオは内定を得ることができ、就職活動を終えた。アキオは就職活動を通じた自身の変化について次のように語る。

アキオ　結構就活始めたばかりの時はやる気に満ちていて、外資入ってエリートになってやるぜ、みたいなことを思っていたんですけど。やっぱ就活していったら別に外資だけじゃないな、とかも思いましたし、あとは、もちろん外資に入っている人は素晴らしい能力を持ってますし、まあエリートの人たくさんいるんですけど、まあそうじゃなくても、自分が活躍できる場所はあるのかな、って思ったりとかもしました

ここでは、キャリア意識の変化が語られている。アキオは就職活動開始当初は、選考倍率の高い外資系企業に入社しエリートになる、と意欲を加熱させていたが、就職活動を通じ、それ以外の進路にも魅力があり、また自身が将来活躍できる場があると考えるようになったという。ここからは、望ましい企業についての一元的に近い序列が、より多元的になったことがうかがえる。

以上、ミヤビとアキオという、異なる2人の語りを取り上げてきた。2人にはもちろん多くの点で違いが見られるが、一方で、2人には共通点も見られる。それは就職活動の目的と、そのための適切な自己呈示のあり方についての認識である。ミヤビは、「自分が合うって思ってもらった所に採ってもらいたい」として、機会主義的な自己呈示を行わなかったとしている。またアキオも、就職活動の目的は自身が働くべき企業を発見することにもあり、内定獲得のために自身の強みや自己呈示を企業に合わせることは、本来の目的を阻害する行為だと語っている。これらは共に、機会主義的行動をとらないことが、企業への自身の適性を判断する上で有効だという認識を示すものだ。

2人に共通するのは、単に内定を得るというよりも、自身が適性を持つような企業を見つけること

が重要だという態度である。この態度を適職志向型態度と呼ぼう。適職志向型態度において重要なのは、入社した後に自身が力を発揮し活躍できる（また職場によく適応できる）ことである。内定獲得はあくまでそこに至る途中の過程であり、最終的な目的とされていない。確かに内定獲得は目的のために必要な過程であるが、それと共に必要なのは、自身が将来活躍できるような仕事や企業、つまり自身が適した仕事や企業を見出すことである。もし内定獲得のために行う行為が、自身が適した仕事や企業を見出すというもう1つの重要な要素を損なうものであれば、それは結局入社後活躍できる企業に就職するという本来の目的を損なうものであり、問題とされる。

2人の選考での自己呈示の仕方は、こうした態度と密接に関わっている。2人が行っているのは、自身の真の特徴を呈示し、企業側が妥当な判断を下すことを助けることを通じ、自身に合う企業を探すということである。つまり自身の特徴を率直に提示することは、自身が適性を持つ企業に就職するという本来の目的にとって有益なこととされ実践されている。逆に、機会主義的に自身の特徴を偽って呈示し企業に就職しようとすることは、自身が適していないような企業に就職する可能性を高めてしまう。もちろん就職しないという選択をとるならばこれは回避できるが、少なくともそれは無意味な行為となる。

ここでなされているのは、どの企業に適性があるかを判断する上で、企業側の判断を利用するということである。短い期間の中で多くの企業の選考を同時に受けるという日本の就職活動では、学生が個々の企業に対する自身の適性を判断するのは必ずしも容易ではない。こうした中で、選考で自身の特徴を偽らずに呈示し、それをもとに企業に自身を評価させることは、適性判断のためのコストのかからない手軽な方法である。一方で機会主義的に偽りの自己呈示を行えば、この方法は活用できなくなる。

もちろん、機会主義的な自己呈示を行う、といってもその程度には幅がある。自身についてまったく当てはまらないような特徴やまったく架空のエピソードについて話すのと、自身に当てはまる特徴や経験したエピソードを基礎としつつその程度を大げさに強調したり細部を改変する形で、自身の特徴からやや異なる自己呈示を行うのとでは、事情が異なるだろう。前者では確かに、企業の評価は自身の適性の判断として全く有効でないと学生自身にみなされるだろうが、後者の場合、企業の評価は自身についての適性の判断としてある程度は有効であると学生にみなされるだろう。

しかしこのことはむしろ、現実において、適性重視型態度が少なくとも部分的な形においては、広く見られることを示唆するものである。本調査のデータでは、自身についてまったく当てはまらないような特徴やまったく架空のエピソードについて話したという学生は2名のみだった。機会主義的な自己呈示を行ったという学生の多くは、後者、すなわち自身に当てはまる特徴や実際に経験したエピソードをもとに、それを少し改変するという仕方をとっていた。例えば第3章で紹介した、選考では志望度が高くなくとも、志望度が高いように装っていたと語るセイヤ（首都圏、大学入試難易度上位、男性）は、「企業も学生も騙し合い」だとして、機会主義的な自己呈示を行うことを正当化していたが、一方で選考を通過する上で何が重要であったかについて、自身の実際のそれまでの経験、およびそれと内定先業種の相性だと語っていた。このように、機会主義的行動を肯定する態度をとり、それをしたと語る学生も、自身の実際の特徴やエピソードをもとに自己呈示を行っていることも多いと考えられる。

このように学生の自己呈示の仕方は、適性重視型態度に基づくような率直な自己呈示を一方の極に、そして目先の内定獲得のための機会主義的な自己呈示を他方の極におき、各個人が両者をそれぞれの比重で組み合わせているものとしてとらえられる。こうしたとらえ方は、従来就職活動について多く示されてきた、内定獲得のみを目指す功利主義的な学生像よりも幅広い現実を説明する。一方で、個人の道徳性という強い仮定をおくことなく、機会主義的行動をとらない理由を説明する。

ここまで２人の共通点から適性重視型態度に基づく積極的な反機会主義のあり方を見出したが、２人の違いからは、こうした態度がどのような条件に依存していないかも何点か指摘することができるだろう。ここでは、選考以前の特定業種や企業への強い希望の有無、自己分析を行ったかどうか、が適性重視型態度に基づく率直な自己呈示にとって不可欠な条件ではなかったことを確認しておく。

まず、適性重視型態度は、特定の業種や仕事内容への志望が固まっていない場合にこそ見られやすいようにも考えられるが、実際は必ずしもそうではなかった。ミヤビはＡ業という仕事内容に基づく明確な志望業種が初めからあった。選考以前に業種や企業への強い志望があるかどうかは、適性重視型態度を持つ上での必要条件とはなっておらず、明確な志望業種が予めあったとしても、学生は適性重視型態度をとる場合があった。

また、適性重視型態度は、自身の特徴を認識しそれに合った企業を選ぶべきだとしてそれを促す「自己分析」の論理と親和的だが、実際は自己分析を行わない場合にもこのような態度は見られた。アキオは「自己分析」を行っていたが、ミヤビはこれを特に行わなかったという。確かに自己分析は、適性を重視する態度をより強固にするものであるかもしれないが、そのための必要条件とまでは言えないと考えられる。

むすび

本章では、２人の特徴的な学生の事例の分析を通じ、学生が機会主義的行動をとらない積極的な理由を示してきた。それは適性重視型態度のもとでは、機会主義的行動をとらないことが合理的になる、というものであった。本節では、このことが、目先の内定獲得を目指す学生像を前提とした狭義の功利主義的な枠組み、あるいはそれに道徳性を加えた枠組みに対しどのような関係にあり、枠組みの拡張を要請するか、について論じる。

適性重視型態度は、目先の内定獲得だけを目指す場合とは異なる合理性の基準を要請する。狭義の功利主義の枠組みでは、合理性は定まった目的に対する目的合理性として定義される。就職の例では、より高い賃金で規模の大きい企業というのは客観的に明確であるし、また内定の数はできるだけ多い方がよい（そしてそのために機会主義的に自己を操作するのも合理的）、となる。

これに対し、本章で取り上げた、自身が適性のある企業への就職という「目的」では、何らかの企業に就職するということは明確であるにしても、自身が適性のある企業がどのような企業かは、明確ではない（以下、このような内容が確定しない目的を、内容が客観的な形で表された目的と区別して「目的」と表す）。つまりここで起きている事態を理解するには、個人の目的を固定的なものとする見方ではなく、「目的」が形成の最中であるという見方をとらなければならない。

つまり学生は、自身が適性のある企業への就職という「目的」は緩い形で前提としつつも[5]、どの企業に就職すべきか、は固定したものではなく後の判断に開かれたものとしている。さらに自身だけでは必ずしも妥当な判断を下しにくい中で、選考の相互行為を通じた企業側の採用担当者の解釈を、より妥当な判断を下すための資源として取り入れようとする、という意味で開かれたものとしているといえる。

つまり個人は、2つの過程に同時にコミットしている。第1は、「自身が適性のある企業」の内容を吟味する過程であり、第2が、当座定まった「自身が適性のあるかもしれない企業」への就職を目的合理的に追求する過程である。この2つの過程を同時にとらえることで、狭義の功利主義的な枠組みからは非合理的とされてしまうような行為の合理性が説明できるようになる。第2に、目的を自身のみで内的に吟味するというのではなく、そこに他者の判断も取り入れられる、と枠組みが拡張されることで、目的内容の確定のされにくさ、がよりよく表せるようになるだろう。つまり目的は、より給与が高い企業、あるいは自身が仕事内容への適性があると感じる企業への就職、と固定されるのではなく、絶えず他者の判断も取り入れながら更新されていくものであり、それは内定後、入社後も続く、ととらえることを、本章の枠組みは要求する。

機会主義的行動をとらないことの合理性を説明することは同時に、就職活動について、企業と学生の関係、あるいは学生間の関係について、ゼロサム・ゲームとは異なる像を提示することでもある。学生は適性の吟味のために企業の選抜を利用することもあり、そこでは学生と企業の利害は一致する。また、学生間の関係においても、各人の適性が異なるという前提からすれば、就職活動は各人を適性のある企業へと最適に配置することを目指す過程としてとらえられる(6)。

このように、就職活動には2つの、必ずしも一致しない目的と行為が混交しており、その両方をとらえなければ実態をうまく説明できない。最後に、これが学生個人だけでなく、企業の選抜を含んだ就職・採用活動のあり方全体に関わることを指摘して、章を閉じたい。

現在の採用選抜で主流となっている面接で、企業は応募者に自らについて語らせ、それをもとに評価を行う。この評価は、応募者による機会主義的な自己呈示により歪んだものになってしまう可能性を常にはらむ。

ここで、学生個人のあり方と、企業の選抜の仕方が関連する。もし仮に、学生側が自身の経験とは無関係な、機会主義的な自己呈示を行うばかりであることが明白であれば、このような選抜は企業にとっても正当でないものとみなされるようになるだろう。ではそうみなされないのはなぜだろうか。

確かに、虚偽の露呈のリスクがあることで、機会主義がある程度抑えられることは期待されているだろう。これについて、学生の自己呈示に具体性を求め、面接官が追加の質問により深掘りするという手続きにも、虚偽が露呈するリスクを高める効果が期待されているだろう。それでも、虚偽の自己呈示がどの程度抑えられているか、企業側は確信を伴って判断することが難しい（福井 2016）[7]。またそもそも、一定程度は「正直に」語る学生がいなくてはならない。

面接を選抜として実施する前提には、学生は一定程度は自身について語るはずだという「信頼」があると考えられる。それはあくまで「ある程度」の「信頼」にすぎず、機会主義が全くなされないと想定するものではない。それでも、選考は当人自身の適性を見極める場であるという想定に、学生がある程度は乗じて、自己呈示を行うだろうと企業側は考えていると、推測される。香川（2010）による就職情報誌の言説分析からも、機会主義的行動をとる学生像と併せて、本章で描いたような学生像も企業側は想定していることがうかがえる。

つまり就職・採用活動に関わる当事者（学生や企業）の行為を説明する上では、それを単なる内定獲得を目指すゲームとみなすのは不十分で、本章で述べた、2つの目的が混交した営みとみなすことが不可欠だ。就職活動が単なるゼロサム・ゲームではなく、適切なマッチングを探るプラスサム・ゲームでもあるという二重性が、面接という「ゲーム」としては抜け穴だらけの選抜が、学生からの批判を生じさせ続けつつも、存続するという現在の就職活動のあり方の根底にあると考えられる。

注

（1） ただし、機会主義の抑制にも限界がある点は注意しなければならない。従来指摘されてきた機会主義的な態度やそれに基づく騙し合いもまた就職活動の一面であり、本章はこれら2つの側面を組み合わせることで、就職活動をよりうまく説明できると主張するものである。

（2） 志望度がそれほど高くなかった企業の面接で、実験的に自己PRのすべてを嘘にして臨み、選考を通過したという対象者もいた。

（3） 社会学では、社会的埋め込みによる説明（Granovetter 1985）も提示されてきた。例えば、繰り返し取引を行ってきて良好な社会関係がある相手には、相手とのその後の取引ができなくなることを恐れ、あるいは風評により他の取引相手とも取引できなくなることを恐れ、機会主義的行動をとらない、という説明がある。この説明は大学就職部と企業の間のような制度的リンケージがある場合や、学生の親族と企業の間に既に関係がある場合（いわゆるコネ）によく当てはまるが、自由応募制の学生と企業の関係に一般的に当てはまるとは言い難い。

（4） 求職者の目的のあり方をとらえ直す上で参考になるのは、1980年代以降のキャリア・カウンセリングの理論の展開や、その背景にあるジョブ・マッチングの経済学における情報の不完全性の考え方である。キャリア心理学者のGelatt（1989）は、既存のキャリア・カウンセリングの理論が、個人が既存の情報をもとに自分の目的をはっきりと定義し、それを実現するために適切に行為できるようにすることの支援に偏ってきたことを批判する。そして、情報が確実でなく、またそれが不完全である中では、自身の目的を固定的なものとせず、それを常に変化に開くことを肯定する態度（positive uncertainty）が重要になる、と論じた。

日本の大卒就職の多くの局面には、Gelattのいう情報の不確実性と不完全性が、よくあてはまると考えられる（第3章などで示してきたように、学生側が企業側について得られる情報は限られており、それを乗り越えるためのコストはしばしば大きい）。こうした中で、学生は、現在応募している企業の内定獲得を確固たる目的とみなさず、不確定で絶えず吟味すべきものとみなしている場合があることを本章では指摘する。

（5） ただしこの目的も固定しているというわけではない。

（6） この配置はもちろん単一の主体によってではなく、それぞれの企業と学生の間のミクロな相互行為とそれに基づく判断の集積によりなされるものである。

(7) 深掘りがなされず、ごく短時間でなされる面接もみられる。また学生側も、深掘りによる具体性の要求に対処しつつ機会主義的行動をとる可能性がある。例えば、深掘りの質問への対処法までも含む、先輩から受け継がれてきたエピソードを語る、あるいは自身が実際に見聞きした他人の行動を自身のものとして語る、といった手段によって。

終章

より良いマッチングに向けて
――学生の選択の活用

本書ではこれまで、就職活動を経験した学生の語りの分析から、日本の就職活動やそこでの学生のあり方を描いてきた。そこから明らかになったことは大きく分けて以下の2点である。

第1に、選考や社員の様子を通じた学生の志望形成・変化である。多くの学生の志望は応募段階ではまだ固まっておらず、選考などの企業側との相互行為を通じ、形成・変化していた。それらは企業の特徴（入社後の自身の様子、働く環境、企業の競争力や組織風土、自身の適性）のシグナルとして、ほかでは得られない情報をもたらすものとして活用されていた。シグナルが必ずしも信頼できないことを学生は認識していたが、それでも低いコストで、重要な情報を得る手段としてそれは活用されていた。就職活動は、学生の個別企業に対する就職への納得形成のプロセスでもある。そして企業の選抜の仕方と、社員の様子は、学生から観察、評価される対象となっていた。

日本の大卒採用選抜の仕方（学生はそれを「複合ゲーム」としてとらえていた）は、この選択と結びついていた。Sharone（2014）が描いたアメリカやイスラエルの事例と異なり、日本の「就職ゲーム」は1つの主流なものがあるというよりも、5つのサブゲームが組み合わさった複合ゲームであり、選抜でいずれの比重が大きいかは企業により異なるように学生には映っていた。このあり方は、1つの主流の選抜に受動的に努力・適応するという反応だけでなく、個々の選抜の正当性を相対化し、自身が正当ととらえたり合っていると感じる選抜の企業を選ぶというあり方と結びついていた。他方で、選抜の相互行為には、企業が専ら質問を行い、フィードバックはなされないという共通の型も見られ、学生による採用基準の推測を限界づけてもいた。

第2に、学生の心理的負担や不満の要因が明らかになった。それは自らが望む企業に進めないという単純な要因だけでは説明できなかった。それを説明するのは、良いマッチングを実現する正当な選抜の欠如の感覚であった。選抜が正当でないように感じられるということ、しかしそれでもそれにコミットせざるを得ないということが、彼らに葛藤をもたらしていた。中でも、当該企業への志望の強さをもとにしたコミットメント・ゲームや、従順ゲームが、学生にとっては正当でないものとしてとらえられやすかった。一方で職務能力や企業との相性との関連が明確で、かつ測定が信頼できるとされる選抜は正当なものととらえられやすかった。選抜の正当性への疑問は、個別の企業に対し向けられ、企業選択に活かされる場合もあった。他方で、主流の就職活動全体に対し向けられ、就職活動からの離脱をもたらす場合もあった。このように、単に内定を獲得できないことによる落胆や不安だけではなく、選抜のあり方への納得の欠如が学生の心理的負担や不満の要因として重要であった。

これらは第1に、ジョブ・マッチングの帰結を、従来の一方向的な選抜の枠組みよりもうまく説明することを可能にする。従来、賃金や企業規模、地域の希望以外の面についての日本の学生の選択の過程と結果については、十分に明らかにされてこなかった。まとめると、学生と企業は、相互行為に臨まざるを得ず、そしてそれに影響されつつ選択せざるを得ない。それは学生側では、第2章で描いた、活動前に抱いていた企業規模や業種の希望の変更に結びつくこともあった。また日本の就職選抜の相互行為における主流の型は、第4章で描いた、進路の変更をもたらすこともあった。

第2に、本書の結果は、現在の日本のメリトクラシーのあり方と、選抜に臨む若者像に以下の示唆をもたらす。『日本のメリトクラシー』(1995)で竹内は、学力試験、企業内昇進など、主流の選抜で少しでも上に行くことに専心する「受験型人間像」を描いた。そこで前提とされていたのは、教育段階、働き始めの段階など、それぞれの段階ごとに、1つの主流の選抜の方法とそれに基づき決定される序列があることだった。もちろんこうした面は現在もある程度残っていると考えられる。しかし他方で、現在の社会で広く生じているのは、選抜基準・方法の問い直しと、その多元化という事態である(中村 2011, 2018)。教育選抜では学力選抜だけでなく推薦入試やAO(総合型選抜)入試など、異なる選抜方法があらわれるようになっている。また同一の企業内で昇進するだけではなく転職するという選択肢も広がってきている。

こうした変化は受験型人間像とは異なる人々(特に選抜に臨むことの多い若者)のあり方と関連している可能性がある[1]。新規大卒・院卒者の就職活動という日本のメリトクラシーの一部をなす事例において、本書は「探索型人間像」と呼ぶべきあり方を見出した。それは1つの主流の選抜に盲目的にコミットする(せざるを得ない)というよりも、多様な選抜のあり方がある中で、自身が正当と思えたり適していると思えることで、コミットできるような選抜の場を探っていく、というあり方だ。もちろん一元的な序列の観念や受験型人間像もある程度残っている。しかしそのような観念や態度と、実際目の当たりにする多元的な選抜やその中で自身の一元的序列に必ずしも沿わない選択の2つが混ざり合っている場として、現在の日本の就職活動はとらえる必要がある。このような混合それ自体も、当事者たる学生に葛藤(例えば一元的序列に基づく劣等という観念と、正当とみなせない選抜で意欲を冷却させることとの間で、あるいは内定獲得のために機会主義的に行動するかどうかにおいて)を生じさせており、こうした事態を正確にとらえる上でも、少なくとも日本の新規大卒・院卒者の就職については、一方的に評価される応募者・若者の像は適切でないと考えられる。選抜の仕方を評価し返しそれをもとに選択をしていく応募者・若者のあり方は、多元的なメリトクラシーに特徴的なものである可能性がある。

関連して、本書の結果は第3に、コミュニケーション能力、主体性、あるいは「ポスト近代型能力」などとして表される非認知的特徴に基づく評価が個人のアイデンティティにもたらす影響や個人の抵抗の可能性について以下の知見をもたらす。従来、パーソナリティにも関わるような評価のあり方は、それを受ける者にとって強い心理的負担をもたらすことが指摘されてきた（Neckel 1991=1999; 本田 2005; Sharone 2014）。従来はそれが自己帰責、自己否定など、評価が内面化され直接影響を与える、という仕方で説明されてきた。しかし、本書の結果は、これは個人の側の抵抗を十分にとらえきれていないことを示す。まず個人は、こうした評価の信頼性に対して疑問を呈する場合がある。確かにこれらの評価は自己の大きな部分と関わるだけに、もしそれが正当とみなされるならば、自己否定などをもたらすかもしれない。しかし短時間の選抜で下される評価の信頼性には疑問が生じる余地が大いにあり、それは個人の抵抗と結びついていた。

他方でこのような評価は根拠が曖昧だからこそ、個人がそれに対し具体的な論拠をもとに抗議するということが難しいものでもあった。このことは、企業により評価基準が異なるように感じられることと併せて、集合的なクレイム申し立てを困難にしていたと考えられる。ただし表立った抗議が難しい場合でも、個人は別の仕方の抵抗、すなわち正当と考えられる異なる選抜への移動、という反応をとりうることも本書では示された。そしてこのような反応をとりやすくなる条件として、社会において複数の異なる選抜のあり方が併存していることや、個人を一元的な序列のもとにあるものとみなす認識枠組みが強固でないこと、があることが結果からは示唆される。

第4に、本書の結果は現代における、批判のポテンシャルを考える上でも参考になると考えられる。Boltanski & Chiapello（1999=2013）は、選抜の基準が頻繁に変更される中で、批判の対象がはっきりとせずそれが困難になっていることを、1980年代後半以降の社会批判の退潮の理由の1つとして説明している。非認知的特徴に基づく選抜も、このようなとらえがたさがあるし、また一定の正当性を有するものとしてとらえられてもいて、そうした選抜に対して批判を行うことは、一見困難でもある。

こうした中、本書では、クレイム申し立てが困難な中で、自らが正当とみなす仕方で評価を行う場に移動するという反応を見出した。確かにこの黙って移動する、という反応は一方では批判の困難を示しているだけかもしれない。つまり人々がこのような反応をとる場合、ある場において多くの個人が不当とみなすあり方があっても、それに対する批判は表面化せず、評価のあり方は特に変化しない、と。

それでも、以下のような回路が生じれば、変化は生じるかもしれない。つまり先のような仕方で忌避されることは、選抜側にとって、自らが望まない者だけでなく自らが望む者からも忌避されることにつながっている可能性があり、そのことを知れば、選抜側はそれを避けるために、選抜の仕方を変える可能性がある、と。

ただし、そうしたポテンシャルが十全に発揮される上では、まず応募者側の批判や、選択のあり方が選抜側に伝わる必要がある。しかし、日本の大卒就職ではこれが十分になされてこなかったと考えられる。その理由としては、従来の社会科学におけるそれらへの注目がほぼ欠如していたこと、そして当事者による発信も低調であることが挙げられる。これらの背景となる文脈には日本の新規大卒者の就職という事例の特徴もある。日本の新卒採用・就職活動は比較的短い期間で行われ、またその間に（場合によっては妥協をし）内定を獲得することが重要とされている。この中で、応募者側は一時的に当事者となるが、その期間は短い。就職活動中に道徳的葛藤を抱えても、就職先が決まると、問題の当事者から外れることが多い。

こうした中、選抜・トランジション研究は、応募者側の批判や選択を明らかにすることで、選抜に関わる当事者の声を現実に反映させる回路を開くことができる。応募者を集めたい企業、選抜に伴うイメージの棄損を避けたい企業、そして良いマッチングを実現したい企業にとって、どのような学生がどのようにして企業を観察、批判、選択しているかを知ることは、これらをより効率的に行うための採用の仕方の変更を可能とする。一元的な正義のもとでのクレイム申し立てが困難な、不透明な選抜評価に対しても、個人的な移動を通した批判が有効たりえる可能性があり、社会学も一定の役割を果たしうる。

以上、本書の結果がもたらす学術上の示唆をまとめた。次に本書の限界と今後の研究課題を3点指摘しておく。

第1に、応募者側の選択を踏まえた、企業側の対処行動について明らかにすることである。これは本書では、企業側への調査を行っていないために、行うことができなかった。しかし本来、企業と応募者の間の相互行為は、この点を明らかにすることで、より十全な形で説明できると考えられる。

第2に、学生の選択や戦略について、その量的傾向をとらえることである。本書はあくまで理論創出を目的とし、就職活動において従来見過ごされてきた側面を説明することに注力してきた。他方で、例えば何割の学生の志望が就職活動を通じて変化するのか、あるいは、どのような層の学生にそれが多くみられるのか、などの問いは残されたままである。これに答えるためには、無作為抽出に基づくより規模の大きな調査を実施する必要がある。量的な傾向を示すことは、先に示した批判の活性化においても重要だと考えられる。

第3に、かつての新規大卒者の就職活動において、学生側の批判がどのようなものであったかを明らかにすることである。かつての大卒就職においても、探索型人間像は見られたのか、それともそれは近年の特定の変化に伴い生じてきているのか。これを探ることは、メリトクラシー論に有効な知見をもたらすと考えられる。

最後に、本書の結果の実践上の示唆について論じる。現在の日本の採用・就職活動はどのように評価でき、どのように批判されるか。そして将来的な変化の可能性にはどのようなものがあるだろうか。

規範的な議論に踏み込むにあたって、まず採用・就職活動の善し悪しを判断する際の基準について考えておこう。第1に、それが採用側・応募者側にもたらすコスト（時間的・金銭的）[2]が挙げられるだろう。これについては、例えば就職活動の早期化・長期化を問題化する議論が多く積み重ねられてきた。一方で、そもそも採用・就職活動は、入社後により活躍しやすい人材・場を選抜・選択するための活動である。そこでは、良いマッチング[3]が実現されなければならない。これが第2の基準である。

第1のコストの少なさと、第2の良いマッチングの実現は、トレードオフの関係にあることが多い（良いマッチングのためには情報が必要だが、入手にはコストがかかる）が、より効率的にするという仕方である程度の両立も可能である。そしてそれこそが目指される方向である。

なお、第1のコストの面での批判と変化の要求（例えば就職協定）の多くは、第2の良いマッチングの実現という条件を十分に考慮してこなかったがゆえに成功しづらかったと考えられる。例えば就職・採用活動期間の一律の制限などは、結局第2の条件を重視する企業・学生双方の望みを満たさないために繰り返し破られてきた。学生の心理的負担を根拠とした企業の選抜基準に対する批判も同様に実効性を持ってこなかった。

一方で第2の基準についての批判にも以下の課題が見られる。従来のそれはあらゆる企業への一律の要求の形をとることが多かった。それは例えば、就職協定など採用・就職活動の時期を一律に統制するアプローチであったり、企業はコネ採用はすべきでない、指定校制をとるべきではない、ジェンダー差別はすべきでない、大学成績による選抜をすべき、といった、選考方法・基準を一律に変更することを求めるものであった。本書はこれらの意義は認める。一方で、特に第2の基準については、このような一律の批判が通じにくい面があると考えられる。福井（2016）はこれを、現在主流となっている人物評価を支える「相性の論理」と呼んだ。この論理に沿えば、縁故主義、指定校制、ジェンダー差別など一律の批判にさらされるような選抜を行わないならば、どのような選考方法・基準をとってもそれが企業にとって効率的ならば問題ないということになる。

それでも本書は第2のマッチングの質について、もう一歩踏み込み、従来の一律の批判とは異なる批判と変化の回路を開くことが重要だと考える。そのためにはマッチングの質の改善において、特に学生が果たしうる役割に注目し、これを活用しやすい環境にすることが有効であると考える。つまり従来は企業側の選抜を単独で取り出し、それをどのように行えば学生をうまく選抜できるか、が主に探究されてきたが、それに加え、従来の用語でいえば自己セレクション、本書の用語でいえば学生側による選択をいかに活性化するかをさらに考えることで、マッチングの質を高め、さらにコストを低める道がありうる、と。

本書の結果からは次のような示唆が得られる。現在の日本の新規大卒者の採用・就職活動では、良いマッチングに向けた学生側の選択（あるいは選択させられること）が一定程度なされているものの、そのポテンシャルは十分に活かされておらず、今後それを活かすことで、マッチングの結果を改善させるとともにより効率的なものにしていく余地が残されている。そしてこれをより行いやすくするために必要なのは、新規大卒者の採用・就職活動のあり方を一律に変更させるというこれまでとられてきたアプローチではなく、多様化を促すアプローチだ、と。以下、論拠と実現への道筋を示す。

良いマッチングを実現する上で鍵となるのは、学生・企業双方ともに相手についての情報を得ることだというのは、シグナリング理論やスクリーニング理論が論じていることである。まったくランダムにマッチングを行うよりも、何らかの情報をもとに判断した方が、良いマッチングが実現されやすくなるという前提は、もちろん限界があるとはいえ、ある程度妥当なものとみなしてよいものと考えられる。このうち企業側による応募者の情報入手についてはそれがどのようになされ、どうあるべきかについては多く議論されてきた。

一方で、応募者側による企業の情報入手とそのなされ方については、これまで軽視されてきた。しかし、もし学生が企業についての情報をもとに自身の適性や希望に沿うかについてより正確に判断できるようになれば、それは学生が就職後仕事で活躍できる可能性を高めるだろう。そしてそれは企業にとってもメリットをもたらすと考えられる。実際に、学生は適性をみきわめるという目的意識のもと、入手できる情報をもとに推測を行っていた（第2章と第5章）。他方で本書は、学生側の情報入手とそれに基づく選択が阻害されている面もある（企業の説明がどこも同じように感じられる、あるいは採用基準が相互行為上のルールにより不明なままとなる場合もある）ことを明らかにした（第2〜4章）。これは逆に、学生の自身が企業への適性があるかどうかの判断を阻害し、良いマッチングが実現するかどうかをよりランダムな要素に委ねてしまうことにつながる。このように、応募者側による企業情報入手とそれに基づく選択は、部分的に行われているもののまだ不十分であり、良いマッチングのためにこれをさらに活性化する潜在的可能性が秘められていると考えられる[4]。

応募者側による企業情報入手とそれに基づく選抜を活性化し、現在よりも良いマッチングを実現させやすくする上では、企業側の多様性が学生に伝わりやすくなることが欠かせない。このために職場見学や説明会の内容の工夫がある。さらに、より本書の内容に即した他の方法として、評価方法・基準の多様化（差別化戦略）が挙げられる[5]。もし企業の多様性に即して評価方法・基準も多様化すれば、それは特に学生が自身の特徴・技能の適性を判断し、企業を選択できることに役立つと考えられる。これについて参考になる研究として、採用活動の外部化が応募者やマッチングに与える影響の研究がある。それらは要員計画や選考を外部化することが、応募者の採用プロセスに対する満足度や企業に感じる魅力を下げ、入社・内定受諾の意思を弱めることを明らかにしている（西村・島貫 2020; Wehner *et.al* 2012）。これらの結果が示唆するのは、画一的な採用や選考のあり方が、応募者の納得形成を阻んでしまう可能性である。逆に、企業の特徴に沿った採用選抜のあり方への差別化は、企業理解や納得の程度を高める可能性がある。

　このような形で選考方法・基準が多様化し、学生の選択が活性化されることは、同時に、目指すべきあり方の第1の条件である就職・採用活動にかかるコストの削減にもつながると考えられる。現在の就職活動では多くの学生は明確な志望を持たないまま多くの企業に応募し、企業側の選抜の過程の中で自身の志望を明確化したり選抜される中で、マッチングが成立していく。本書はこの過程がまったく無駄だという立場はとらない。しかしもし仮に、予め学生が自身の適性や、企業が本当に希望に沿うかを選抜方法や他の情報源から十分に吟味できるならば、それは企業の側の選抜コスト・学生の側の応募コスト・大学・支援者などの外部者のコストを減らすことにつながるだろう[6]。つまり企業のみの選抜に頼り、学生の側の選択をランダムな形のままにするよりも、学生の側の合理的な選択を活用することで、就職活動はより効率的なものになると考えられる。

　本書はこのようなあり方が、現在の就職活動においても既にある程度生じていることを明らかにした。一方でそれはさらに徹底した形で実現されるようになる潜在的可能性が残されている。この可能性は、学生、企業の双方にとって、メリットをもたらすものと筆者は考える。これを選ぶかどうかは当事者に委ねられているが、これにより開かれる行為の可能性は以下の通りだ。

企業は、第1に、学生側の選択を利用して、評価方法などを自由に変えることで、自社に適した人材とのマッチングを目指せるようになる。独自の評価方法や情報提示は、企業が望まない応募者が予め、当該企業に応募しないことにもつながる一方で、選抜したい特徴・技能を有する応募者を引き付けるものとなる。それは事前のスクリーニングにより、ミスマッチを減らすことにつながるとともに、必ずしも採用コストの増加を伴わずに、採用の効率を高めることのできる仕方である。自社を単に一元的な基準で良く見せる、というよりも、選考の仕方などで差別化していくことは、自身の適性を予め判断し強い志望意欲を持つ学生を集めることにつながる(7)。

では具体的にどのような選考方法・基準が望ましいのか。もちろん企業ごとにニーズは異なるが、学生側からみて良いマッチングが達成されやすい／にくい選抜の考え（第3章）からはヒントを得られるかもしれない。学生の挙げた選抜の正当性への疑義としては、選抜基準が業務上必要な技能と結びついていないこと、および測られるものが実際の個人の特徴と一致していないことがあった。このうち、測られるものが実際の個人の特徴と一致しないことについて、コミットメント・ゲームや従順ゲームは批判されていた。またスキル・ゲームについても、例えば業者テストは、替え玉受験や集団での質問・回答パターンの共有が容易である点で批判されていた。また選抜基準が業務上必要な技能と結びついていないことについては、コミットメント・ゲーム、従順ゲーム、そしてスペック・ゲームやケミストリー・ゲームの極端なものが批判されており、それらは特に定形的な質問のみで終了する面接で特に見いだされやすいと考えられる。もちろんコストの問題もありうるだろうが、採用側としても、これらの選抜がいかに失敗し（悪いマッチングにつながり）うるかを認識することは有益だと考えられる[8]。また、これらの選抜は現状では他の企業との差別化につながりづらいものでもある。

これに対し、直接業務を行わせるなどスキル・ゲーム、あるいは個人の特徴をよく探り出すとともに業務上必要な技能との関連の説明を含んだ自由化されたインタビューは、学生にとって正当ととらえられやすかった。それらは入社への納得の形成、内定辞退率の低下、採用後の早期退職の減少につながりうると考えられる。またこれらは同時に他社との違いが際立ちやすい選考方法でもある。こうした選抜を利用した学生への企業情報のシグナルの伝達は、応募学生の不足や内定辞退に悩む企業にとって、自社の印象付けと志望形成の有効の方法となるだろう[9]。一方、応募数が多すぎるため採用のコストがかかっていたり、納得の欠如した選考によるイメージの悪化を生じさせている企業にとっても、それは応募者側の自己スクリーニングを促すことで、それらを改善させることにつながるだろう[10]。

第2に、面接などにおける「指令的優位」（福井 2008）の緩和を良いマッチングのための手段として用いる可能性が開かれる。本書の結果からは、選考で常に企業側が質問をして学生に答えさせ、企業側はその狙いなどを話さない／答えないという仕方が、応募者の入社への納得を削いでいる面がうかがえる。学生が採用基準を理解しないままである場合、志望が十分に形成されなかったり、あるいはさらに企業への不信を抱くことも多く生じるだろう。特に上述の選考方法・基準の差別化が難しいような場合、指令的優位を緩和し、例えば学生に自らの意図や普段の業務とのつながりを話したり、あるいは質問に応じることは、企業への信頼を高め内定辞退を防ぐとともに、企業・学生双方にとって損となる悪いマッチングを予め回避することにも役立つと考えられる。

学生においては、まず就職・採用活動のあり方は、企業によって、また学生によって異なりうることが、より強く認識されるようになる。就職活動については、様々な情報があふれており分かりにくい、どれを信頼すればよいかという声がよく聞かれるが、これはその通りで、そもそも就職・採用活動が一枚岩ではないので、多様なあり方に対応した多様な情報があふれることになる。そうした情報については、「そうした場合もある」と、それを多様なあり方のうちのあくまで一部として参照し、個別企業ごとの違い、個人による違いに注目することが、自身にとっても企業にとっても良いマッチングに到達する助けになると考えられる。そのような考え方をすることで、どうしても納得がいかない選抜をする企業に出会った際、学生は自身の選択をわがまま、あるいはおこがましいものととらえず、企業選択に活かしやすくなる。そのような選択は、学生自身の将来にとって、また企業側にとっても有益と考えられる。

また、おかしいと思う点については、面接官や人事担当者に対し質問することもありうる。もしかすると企業／面接官は学生の思い浮かばないような理由で、そのような評価をしていたかもしれず、それを知ることができるかもしれない。あるいは、それに答えられない・答えようとしない企業／面接官もあるだろうが、それはそれで将来の職場候補の特徴についての（悪い面かもしれないが）良いシグナルとなるだろう。

さらにおかしいと思う点やそれに基づいて下した選択を他者と共有する手もある。そうした声は自身、あるいは次代の学生の助けになる。まとめると、就職活動は一元的な選抜というよりも、様々な企業が異なる仕方で選抜を行うとともに自身も選択を行う場と認識されやすくなり、自身の希望を探ることともしやすくなる。

最後に、支援者は、学生の苦慮を技術的なもの（いかに受かるか）ではなく、状況の理解や納得に関するものとしてとらえる視点を持ちやすくなる。多くの学生にとって就職活動は、より一元的に近い選抜から、より多元的な選抜へのトランジションとして経験される。本書ではこのトランジションに即して、学生が、一元的な序列や選抜の認識と、多元的な序列や選抜の認識の両方を抱きうることを示してきた。また周囲の他者との会話を通じ、両者の間で揺れ動く様子も示した。企業の選抜が多様化する方向に動くならば、トランジションはより激しいものとなり、教育選抜とのギャップから生じる当惑は大きくなる可能性はある。そうした際、支援者が、多元的な序列や選抜の実態をより理解することで、学生を一元的な序列や選抜の認識枠組みのもとで一方的に評価（「あなたが〜〜だから受からない」等）して当惑をさらに大きくしてしまうのではなく、当惑に寄り添うこと（自由に選択できることの難しさや、企業による違い、選抜への不満の語りを受け止めること）ができるようになる。

以上のような認識や行為は、採用選抜は企業が一方的に応募者を選ぶものだという考えや、「人物評価」はメリトクラシーの理念をより忠実に反映した選抜のあり方で、それゆえ人々からの批判が生じない（選抜をされる者は無力な被害者である）という考えを捨てることで可能となるものだ。本書は多元的な選抜とそこでの応募者側の選択を示した。これは、ジョブ・マッチングや選抜の社会学としてはやや風変りなものであったかもしれない。しかし社会における選抜の多元化が進む場合、従来からすれば風変りなジョブ・マッチングおよび選抜の社会学は、人々が自由に行為するための実践知をもたらしてくれると考えられる。

注

（1）ただしこのような人間像の違いは、時代による実態の変化のみによるとは限らない点には注意が必要である。もしかすると、本書で示したような多元的な選抜観やそれに則した探索型人間像は、かつても存在していたが、十分に注目を浴びておらず、研究者の説明図式に反映されていなかっただけかもしれないからだ。
例えば竹内（1995）は受験と企業内昇進の事例については、一元的な選抜の中での意欲の加熱・再加熱について説明しているが、就職に関しては意欲の分析ではなく、選抜で学校歴の高い学生への需要が集中するメカニズムが描かれているのみである。中村（2018）でも、近年の選抜の「変更」が実は従来からある選抜の「看板の架け替え」にすぎず、実態はそれほど変化していない可能性が論じられている。企業内昇進についても、日本型雇用システムは主に大企業に関する説明で、中小企業には企業内昇進の説明は当時からあてはまらなかった可能性が考えられる。まとめると、時代による実態の変化と、説明図式の変化、両方の可能性を踏まえる必要があるだろう。

(2) コストの例として以下が挙げられる。採用側が周知と選抜に要する時間（人員）と資金、応募者側の情報入手と応募に要する時間と資金、応募者が被らざるを得ない心理的負担、さらに大学側、あるいは支援者にかかる負担である。

(3) 企業と応募者、双方の希望が満たされることが重要である。この希望の内容には対立しあう部分（賃金）もあるが、他方で一致する部分（雇用された者が活躍できること）もある。つまり良いマッチングの探索には対立しあう部分の折り合いという面と、一致する部分の発見という面、また片方だけにとって重要な部分の発見という面がある。このうち後者2つが、本書が就職活動のポジティブな面として強調した部分で、それは企業・応募者双方において、互いの情報を得ることでなされる。

(4) ただし、この議論は注意を必要とするものである。企業が自由に採用基準・方法を定めることに対して、人権への配慮、出自による差別の禁止など、普遍的正義に沿わねばならないという制限は不可欠だと本書も考える。本書の主張する採用基準・方法の多様化は、これらの普遍的正義による制限を緩和するという意味ではなく、その枠内におけるものである。

(5) 服部・矢寺（2018）は、日本で他社と異なる採用方法を導入した企業の特徴の分析や、導入の影響についてのケース・スタディを行っている。

(6) もっとも応募以前の情報伝達のあり方だけでなく、選考後のフィードバックも、学生にとっては有益でありまた納得性を高めるものとなるだろう。こうしたフィードバックを行うことは圧迫面接などの恐れからなされにくい面もあると考えられるが、本調査の対象の学生はむしろこうしたフィードバックをありがたいものととらえていた。

（7） このような採用の基本となる考え方はRealistic Job Preview（Wanous 1973）と呼ばれる。

（8） 今城（2016）は、採用面接での評価が入社後の職務遂行度を予測する上で妥当性を持つかを探るため、日本のあるメーカーの新卒採用面接での評価と、入社後の上司による職務遂行度評価の相関を分析している。結果として、面接時の「論理的思考力」、「行動力」の評価は、入社後の職務遂行度評価と相関しているのに対し、面接時の「協調性」「コミュニケーション力」「誠実性」の評価は、入社後の職務遂行度評価と有意に相関していないことを明らかにしている。一企業のみの結果ではあるが、この結果は、本書で明らかにした学生側からの面接の正当性に対する考えと整合的である。

（9） 学生と企業を対立しあうものとみる見方では、これは学生側が騙される可能性と結び付けてとらえられるかもしれない。しかしシグナルの利用可能性が高まることは、当事者を「騙しやすく」するよりはむしろ、「騙しにくく」させると考えられる。むしろ、当事者が現実を認識しにくくさせるようなあり方こそが、批判を困難にすると考えられる（Boltanski 2009=2011）。

（10） 一方でこれらを認識した上で、それでも例えば従順ゲームに沿った選考を行うということはありうるし、それによるマッチングを本書は否定するものではない。

付論　調査および分析の方法

ここでは、本書の提示した結果がどのようなデータを、どのように分析することで得られたものかを示す。

・用いたデータ

本書では、日本の4年制大学または大学院修士課程の卒業時に、民間企業の事務系総合職への就職活動を行った50名に対するインタビュー調査のデータを用いた。本調査では、理論を創出しそれをより豊かにするという目的を第1に据え、できるだけ多様な学生の語りを収集するため、最大分散サンプリングを行った。本調査では出身大学の入試難易度や地域の多様性を確保するために、学生イベントでの直接依頼、大学近辺での調査依頼の広告の配布、大学教員やその知人を通じた紹介（東北、九州地方の対象者はすべてこれによる）、および調査対象者からの紹介、の手段を併用し対象者を集めた。結果として、50名の対象者に個別にインタビューを実施した。これらの対象者の属性は**表A**の通りである。

対象者の構成は、性別についてみると、男性が23名（46・0％）、女性が27名（54・0％）、大学設置主体についてみると、国公立が28名（56・0％）、私立が22名（44・0％）、専攻についてみると、法学・政治学が16名（32・0％）、商学・経済学が4名（8・0％）、社会学・心理学が7名（14・0％）、教育学が3名（6・0％）、文学・史学・語学が10名（20・0％）、情報・コミュニケーションが3名（6・0％）、

タツ	2014年12月	14卒	男性	私立	K	情報・コミュニケーション	下位	卒業後、情報通信業に契約社員として就職	2014年7月	首都圏
テルコ	2014年12月	15卒	女性	国公立	L	社会学・心理学	中位	卸売・小売業に総合職として就職	2014年5月	東北
アカリ	2014年12月	15卒	女性	国公立	L	社会学・心理学	中位	その他、総合職として就職	2014年5月	東北
メイ	2014年12月	15卒	女性	国公立	L	社会学・心理学	中位	情報通信業に総合職として就職	2014年8月	東北
トモノリ	2014年12月	15卒	男性	国公立	L	社会学・心理学	中位	建設・不動産業に総合職として就職	2014年7月	東北
マサ	2014年12月	15卒	男性	国公立	L	社会学・心理学	中位	金融・保険業に総合職として就職	2014年5月	東北
ケン	2014年12月	15卒	男性	私立	M	法学・政治学	下位	卸売・小売業に総合職として就職	2014年7月	九州
ハルナ	2014年12月	15卒	女性	私立	M	法学・政治学	下位	その他、総合職として就職	2014年7月	九州
ミヤビ	2014年12月	14卒、15卒	女性	国公立	N	法学・政治学	上位	留年後、情報通信業に総合職として就職	2014年7月	九州
ダイチ	2014年12月	15卒	男性	国公立	N	法学・政治学	上位	その他、総合職として就職	2014年4月	九州
セイラ	2014年12月	15卒	女性	国公立	N	法学・政治学	上位	卸売・小売業に総合職として就職	2014年4月	九州
ソウタ	2014年12月	15卒	男性	私立	M	法学・政治学	下位	製造業に総合職として就職	2014年6月	九州
ナホ	2014年12月	15卒	女性	国公立	O	法学・政治学	中位	その他、総合職として就職	2014年8月	九州
ヒロシ	2014年12月	15卒	男性	国公立	O	法学・政治学	中位	製造業に総合職として就職	2014年4月	九州
ジョウ	2014年12月	15卒	男性	国公立	O	工学	中位	建設・不動産業に総合職として就職	2014年3月	九州
コウジ	2014年12月	15卒	男性	国公立	O	教育学	中位	その他、総合職として就職	2014年6月	九州
シンタ	2014年12月	15卒	男性	国公立	O	法学・政治学	中位	その他、総合職として就職	2014年6月	九州
テツト	2014年12月	15卒	男性	国公立	O	法学・政治学	中位	サービス業に総合職として就職	2014年8月	九州
ノリオ	2014年12月	15卒	男性	私立	M	法学・政治学	下位	建設・不動産業に総合職として就職	2014年4月	九州
カイト	2014年12月	15卒	男性	私立	P	法学・政治学	下位	運輸業に総合職として就職	2014年6月	首都圏
ミズホ	2015年12月	15卒	女性	国公立	C	情報・コミュニケーション	上位	就職留年	―	首都圏
サラ	2016年1月	15卒	女性	国公立	Q	理学	中位	卸売・小売業に総合職として就職	2015年6月	北関東
チサト	2016年1月	15卒	女性	国公立	Q	法学・政治学	中位	運輸業に総合職として就職	2015年4月	北関東
サヤカ	2016年2月	16卒	女性	国公立	Q	法学・政治学	中位	情報通信業に総合職として就職	2016年8月	北関東
マイコ	2016年2月	16卒	女性	国公立	Q	理学（修士）	中位	製造業に総合職として就職	2016年8月	北関東

注1：対象者名はすべて仮名である。
注2：大学のアルファベットが同一の場合、同じ大学を指す。
注3：大学入試難易度の分類に際しては、代々木ゼミナールの学部別入試難易ランキング表（2014年使用）を参照した。国公立大学の場合、「センターランク」（前期）が80％以上を上位、それ未満を中位とし、私立大学の場合、「ランク」（偏差値）が60以上を上位、50台を中位、それ未満を下位とした。
注4：網掛け部分は、１回目の調査時点において内定を獲得していなかった者を指す。

表A　対象者の属性

仮名	調査時期	活動年度	性別	設置主体	大学	学部	大学入試難易度	進路	就職活動終了時期	地域
ヤス	2013年1月、14年10月	11卒、14卒	男性	私立	A	法学・政治学	中位	情報通信業に総合職として就職	2011年10月（2014年9月再開）	首都圏
アヤネ	2013年2月	12卒、13卒	女性	私立	B	社会学・心理学	中位	その他、総合職として就職	2013年2月	首都圏
リン	2013年4月	13卒	女性	私立	B	社会学・心理学	中位	金融・保険業に一般職として就職	2012年4月	首都圏
トキコ	2013年4月	13卒	女性	私立	B	文学・史学・語学	中位	大学院進学	2012年11月	首都圏
サキ	2013年5月	13卒	女性	私立	B	文学・史学・語学	中位	その他、総合職として就職	2012年12月	首都圏
セイヤ	2013年5月	14卒	男性	国公立	C	商学・経済学	上位	金融・保険業に総合職として就職	2013年4月	首都圏
ココナ	2013年5月	14卒	女性	国公立	D	文学・史学・語学	上位	金融・保険業に総合職として就職	2013年4月	首都圏
ミサ	2013年5月	14卒	女性	私立	B	文学・史学・語学	中位	情報通信業に総合職として就職	2013年4月	首都圏
ナギサ	2013年6月	14卒	女性	私立	E	文学・史学・語学	中位	サービス業に総合職として就職	2013年4月	首都圏
ハジメ	2013年7月	14卒	男性	国公立	F	工学（修士）	中位	情報通信業に総合職として就職	2013年4月	首都圏
ソラ	2014年4月、7月	15卒	女性	私立	G	文学・史学・語学	上位	サービス業に総合職として就職	2014年7月	首都圏
マリエ	2014年4月	15卒	女性	国公立	C	教育学	上位	情報通信業に総合職として就職	2014年4月	首都圏
ケイコ	2014年4月	15卒	女性	国公立	C	教育学	上位	大学院進学	2014年4月	首都圏
サダオ	2014年5月	15卒	男性	国公立	C	法学・政治学	上位	公務員試験受験	2014年4月	首都圏
ナツキ	2014年5月	15卒	女性	国公立	C	商学・経済学	上位	製造業に総合職として就職	2014年3月	首都圏
シュン	2014年7月	15卒	男性	私立	G	文学・史学・語学	上位	製造業に総合職として就職	2014年1月	首都圏
ハナ	2014年7月、8月	15卒	女性	私立	G	文学・史学・語学	上位	卸売・小売業に一般職として就職	2014年5月	首都圏
タカシ	2014年8月	15卒	男性	私立	G	文学・史学・語学	上位	金融・保険業に総合職として就職	2014年4月	首都圏
トオル	2014年8月	15卒	男性	国公立	H	商学・経済学	上位	卸売・小売業に総合職として就職	2014年4月	首都圏
アキオ	2014年8月	15卒	男性	私立	I	情報・コミュニケーション	上位	製造業に総合職として就職	2014年4月	首都圏
リカ	2014年8月	15卒	女性	私立	G	文学・史学・語学	上位	卸売・小売業に総合職として就職	2014年6月	首都圏
ノブ	2014年8月	15卒	男性	私立	J	学際	上位	情報通信業に総合職として就職	2014年4月	首都圏
フミ	14年9月、10月、15年8月	15卒	女性	私立	J	学際	上位	留年後、サービス業に総合職として就職	2015年6月	首都圏
アリサ	2014年11月	14卒	女性	国公立	H	商学・経済学	上位	建設・不動産業に総合職として就職	2013年4月	首都圏
コウジ	2014年11月	15卒	男性	私立	J	学際	上位	情報通信業に総合職として就職	2014年4月	首都圏

理学が2名（4・0%、うち1名修士課程）、工学が2名（4・0%、うち1名修士課程）、学際が3名（6・0%）、大学入試難易度についてみると、上位が21名（42・0%）、中位が23名（46・0%）、下位が6名（12・0%）、地域についてみると、東北が5名（10・0%）、首都圏が28名（56・0%）、九州が13名（26・0%）、北関東が4名（8・0%）となっており、女性、国公立大学出身者、法学・政治学および文学・史学・語学専攻、大学入試難易度上位校出身者、選んだ各地域の大学出身者が多いサンプルとなった。無作為抽出を行っておらずこのような偏りを有するため、対象者にみられる量的な傾向を就職活動生全体を代表するものととらえることはできない。また、学生の属性によって意識や行動の量的な傾向がどのように異なるのかという問題についても、本調査のデータからは論じられない。これらは今後の課題とし、本書は従来十分描かれてこなかった像の提示やその理論的説明に専心した。

次に、インタビューの仕方について説明する。本調査は緩い半構造化インタビューの形をとった。具体的には、学生の就職活動過程をできるだけ包括的にとらえるために、まず概要を語ってもらった後で、就職活動の開始、本選考への応募、といった就職活動の様々なフェーズ[1]について、質問した。各フェーズについて初めに行う質問はオープンエンドなもので、語りの視角、分量や、別の話題への移行などについては、対象者側の自由を重視した。調査者は対象者の語りが止まった際は、語りを促すために質問を行ったが、対象者がそれに対して語り始めた場合、それが長い場合や調査者の関心と外れていた場合でもこれを遮ることはしなかった。そして語りが止まった場合、調査者はそれまでの語りに沿う形で、その中で不明瞭と感じた部分についてさらに語りを求めた。なお質問の順序は、対象者の語りにできるだけ沿うような形で適宜入れ替えた。こうして、すべてのフェーズについて一通り語りがなされた後、調査者からそれまでの語りで話題に上がらなかった項目（例：他の学生、先輩、家族との関わり、大変だと感じたこと、制度や企業に望む変化）についていくつか追加の質問をした。それについての対象者の語りあるいは補足がなされた後、調査者はこれまでの語りについて対象者に補足することがあるかを尋ね、補足がなされ、あるいは対象者が補足することはないとした時、インタビューを終了した。就職活動を継続中の対象者や、1回目で時間が不足した対象者に対しては、追加のインタビューを適宜行った。インタビューの合計所要時間は1人あたり平均約2時間であった。なおインタビュー前に対象者には、調査目的、データ利用の学術研究目的への限定、論文等での発表の際は匿名化すること、インタビューはいつでも中断・辞退できること、データの確認・訂正を後日お願いすることを説明し、対象者の許可を得た上でインタビューの様子を録音した。録音内容の書き起こしは後日対象者に送付し、訂正や秘匿化の希望にはすべて応じた。

・行った分析

分析は、データの収集と併行して行った。分析にあたっては、個別の対象者のストーリーの理解（タテの理解）と、複数の対象者の間の共通性と差異の理解（ヨコの理解）の2つを目指した。

このために第1に、各対象者の語りを個別に分析する作業を繰り返した。この際、対象者ごとに、就職活動の大まかなストーリーを要約した。この作業の中で、対象者の語りの中の非一貫性や、複数の態度の併存あるいは対置も、同時によりはっきりと浮かび上がるようになった。また、要約作業はデータ収集と併行し、複数回行った。新たな対象者の語りの分析を行う中で、以前分析した対象者の語りについて異なる解釈が生じる場合もあった。

また各対象者の語りの分析を通じて、本書で中心的に論じたいくつかの主題（企業側との相互行為を通じた企業選択、不採用に対する自己帰責とは異なる反応、採用基準の正当性への疑念、採用基準推測の困難、選考での自己呈示の多様性）が、浮かび上がった。

上のようにして浮かび上がったいくつかの主題について、第2に、対象者間の比較を行った。ここでは、各対象者の語りの内容を表にまとめたり、そこから得られたパターンの間の関係を整理したりした。ただし表にまとめるために内容を要約したり、それらをパターンに分類することは、対象者ごとに異なる文脈を捨象することにつながるおそれがある。この時主題に引きずられる形で、各対象者の事例の固有の文脈を見失わないため、個別事例の分析にしばしば立ち戻った。

この2種類の作業は決して切り離されたものではなく、相互に影響を与えあいながら併行してなされた。また2種類の作業は相補的であった。他の事例との比較から得られた視点は、個別事例の理解を助けることになり、個々の事例の内在的理解も、事例間の比較に役立った。2種類の作業を繰り返す中で、各主題についての多様な語りの整理と、各個別事例の内在的な理解がなされた。

最後に複数の主題間の関係、およびデータ提示の仕方を検討した。それぞれの主題の間の関係を、大卒就職に関する先行研究と照らし合わせつつ考える中で、それらが共通する問題に関わっていることが判明した。それは、就職活動過程を通じた応募者側の志望の変化や、それに基づく反応、それを見込んだ行為の説明であった。そこで、この大きなテーマを中心に据えつつ、各主題の関係を整理し、それらを提示する順序を決めた。

データ提示（各章の記述）にあたっては、理論的な主題との関連性を第1に重視しつつ、主題に関連するデータについてはその多様性を捨象しない（日本の事例内での多様性を記述する）方針をとった。まず各主題を理解しやすい形で表す対象者の語り（典型例）を軸に据えた。その上で、この対象者のおかれた文脈を表す語りも示した。その上で、この対象者の語りが対象者全体の語りのパターンのうちで限定的なものである場合、これと異なるパターンの語りについて言及するようにした（ただし紙幅の関係上すべてを詳細に提示することはできなかった）。

本書で引用した語りはすべて、インタビュー録音の書き起こし文からのものである。ただし引用の際、調査目的との関連でそれほど大きな意味を持たないと考えられる言い間違い、繰り返し、口語調の接続詞や文末などは、読みやすさを重視し整形を行った上で提示した。

なお、提示する語りの順序は必ずしも、インタビュー時の語りの順序とは一致していない。これも、インタビュー場面での相互行為よりも、語られた内容を重視するアプローチからきている。もちろんこれは、前者の分析の意義を否定するものではなく、あくまで研究全体の目的との関連における選択である。

注

（1）フェーズの例として次のものが挙げられる。①活動開始以前②就職活動開始時③本選考応募以前（企業説明会、OB・OG訪問、インターネット等を通じた情報収集、選考準備）④本選考応募（応募した業界、企業数、それぞれの志望度）⑤初めての選考⑥その後の選考⑦内定獲得後⑨就職活動の終了／中断。ただし「フェーズ」は絶対的なものではなく、対象者によって結合したり抜け落ちたりすることがあった。

あとがき

本書は、調査対象者の方々のご協力のおかげで、成り立っている。お忙しい中、インタビューおよびその確認にお付き合いいいただいたことには感謝しかない。また、いただいたご協力を無駄にはできないという想いが、執筆の背中を押してくれた。

本書は、東京大学大学院人文社会系研究科社会文化研究専攻社会学専門分野に提出した博士論文を修正したものである。博士論文の執筆にあたっては、指導教員の出口剛司先生に大変綿密なご指導をいただいた。データが集まったもののなかなか執筆に踏み出せない筆者に対し、少しずつ書き進めることの重要さを説き、出来の悪い初期から原稿を読み、アドバイスを下さった。先生のご指導なくして、博士論文を書き上げることはできなかったと思う。感謝してもしきれない。

副査を務めてくださった佐藤恵先生は、否定的評価と自己認識の関係に関する社会学的研究の可能性を切り拓かれてきて、筆者は研究の初めからその高みを目指してきた。本書はあくまで1つの事例研究だが、先生からは事象が持つ理論的な意味を多くご指摘いただき、それは研究を社会学の中に位置づける上で大きな助けになった。深く感謝申し上げる。

また研究の構想段階、さらにそれ以前からずっと、東京大学文学部社会学研究室の先生方から受けてきたご指導が、本書のバックボーンとなっている。

学部時代の指導教員の盛山和夫先生は、私に、社会学という学問の面白さや奥深さを教えて下さった。素人の卒業論文にもかかわらず、真摯なご批判や評価を下さったことが、私にとってとても貴重な体験で、大学院への進学につながった。

松本三和夫先生からは、大学院のゼミでご指導をいただき、学問の美しさと厳しさを垣間見る機会をいただいた。構想発表においても、モデルとなる幾多の研究をご教示くださったことが、目指すべき道を指し示してくれた。

佐藤健二先生からは授業やご著書から大きな刺激を受けた。研究の手法や内容において通例の型に自らを沿わせるだけでなく、問いを深く追究することの重要さを教わった。

副査となっていただいた武川正吾先生はいつも構想発表の際に、私の盲点を正しくご指摘くださった。調査をしていると対象を理解した気分になってしまうが、先生はそもそもの私の認識枠組みの偏りからくる「見えていない部分」をご指摘下さった。

白波瀬佐和子先生には、学部のゼミから長くご指導いただき、データを扱う上での基礎となる（そして最も重要な）態度や方法を一から教えていただいた。さらに構想発表においても理論枠組みとデータの対応について的確にご指摘をいただき、自分が最も論じなければならないことが何かを気づかせていただいた。

副査を務めていただいた赤川学先生からは、学部時代からゼミや講義を通じ、社会学的な考え方とはどのようなものかを、教わった。また大学院進学以降もゼミや構想発表で常に議論の急所をご指摘くださり、より深めて考えるべき箇所を多く教えていただいた。研究外でも、最も苦しい時に常にお支えくださったことで、社会学を続けることを可能にして下さった。

同じく副査となっていただいた祐成保志先生は、構想発表においていつも鋭いご指摘を下さり、研究の優れている部分や弱点となる部分について、自分で気づけていない点を多く気づかせて下さった。授業や調査においても、多様な研究手法をご教示くださり、それは研究の進め方を考える上で大いに参考になった。

井口高志先生からは、インタビュー法での研究の進め方やまとめ方について多くを学ばせていただいた。またお目にかかる際に研究にご関心を示して下さったことで、本書の執筆に向けて勇気づけて下さった。

このように、学部・大学院の先生方からいただいたコメントやご支援は、本研究を進める上で欠かせないものであった。心よりお礼申し上げる。

また多くの方々から、調査対象者のご紹介をいただいた。対象者のプライヴァシーを守るため、ここでお名前を挙げられないのが大変心苦しいが、他学の大学院生であった私に対して、貴重なお時間を割いてご支援下さったことに対して、感謝しかない。

自分の研究を見直す上では、研究会の先生方からのコメントも大変役立った。Field-net 研究会は最も長くお世話になった研究会で、特に水津嘉克先生、伊藤智樹先生、三井さよ先生、鷹田佳典先生、石島健太郎先生、櫛原克哉先生からいただいたコメントはいずれも、研究を進める際に重要な指針を提供してくれるものだった。また青少年研究会でも研究発表の機会をいただき、データと理論枠組みの関連など重要な論点について有益なご指摘をいただいた。厚く御礼申し上げる。

大学院の他の院生の方々からも、研究内外で多くの支えをいただいた。最も初期の段階から、拙い研究に対し数えきれないご指摘をいただいたことで、研究を進めることができた。

また本書の出版を可能にして下さったのは、晃洋書房の坂野美鈴さんである。なぜ伝えたいかという最も大事な部分を共有でき、要領の悪い筆者にもかかわらず常にお力をお貸しいただき、大変感謝している。また本書の出版を目指すにあたり、伊藤智樹先生、米澤旦先生、税所真也先生から大変親身なアドバイスをいただいた。深く感謝する。

本書のベースとなった研究は、ＪＳＰＳ科研費（特別研究員奨励費JP14J10311）による支援を受けてなされたものである。

このように本書は、多くの方々の助けにより進めることができたもので、関わってくださったすべての方に感謝申し上げる。最後に、私事ながらこれまで辛抱強く育ててくれた両親に、感謝とともに本書を捧げる。

２０２２年6月

井口尚樹

文　献

安部由紀子，1997,「就職市場における大学の銘柄効果」中馬宏之・駿河輝和編『雇用慣行の変化と女性労働』東京大学出版会，151-70.

安達智子，1998,「大学生の就業動機測定の試み」『実験社会心理学研究』38(2)：172-82.

――――，2001a,「大学生の進路発達過程――社会・認知的進路理論からの検討」『教育心理学研究』49：326-36.

――――，2001b,「進路選択に対する効力感と就業動機，職業未決定の関連について――女子短大生を対象とした検討」『心理学研究』72(1)：10-8.

――――，2004,「大学生のキャリア選択――その心理的背景と支援」『日本労働研究雑誌』533：27-37.

天野郁夫，1984,「就職と大学」慶伊富永編『大学評価の研究』東京大学出版会，151-71.

Bauman, Zygmunt. 2001, *The Individualized Society*, Cambridge: Polity Press.（=2008，澤井敦・菅野博史・鈴木智之訳『個人化社会』青弓社.）

Beck, Ulrich, 1986, *Risikogesellschaft: Auf dem Weg in eine andere Moderne*, Frankfurt am Main: Suhrkamp.（=1998，東廉・伊藤美登里訳『危険社会――新しい近代への道』法政大学出版局.）

Beck, Ulrich & Elisabeth Beck-Gernsheim, 2001, *Individualization: Institutionalized Individualism and its Social and Political Consequences*, London: Sage.

Becker, Gary S., 1964, *Human Capital: A Theoretical and Empirical Analysis, with Special Reference to Education*, New York: National Bureau of Economic Research.（=1976，佐野陽子訳『人的資本――教育を中心とした理論的・経験的分析』東洋経済新報社.）

Boltanski, Luc, 2009, *De la critique: Précis de sociologie de l'émancipation*, Paris: Gallimard. (Gregory Elliott, trans., 2011, *On Critique: A Sociology of Emancipation*, London: Polity Press.)

Boltanski, Luc & Ève Chiapello, 1999, *Le nouvel esprit du capitalism*, Paris: Gallimard.（=2013，三浦直希・海老塚明・川野英二・白鳥義彦・須田文

明・立見淳哉訳『資本主義の新たな精神』ナカニシヤ書店.）
Chiavacci, David, 2005, "Transition from University to Work Under Transformation: The Changing Role of Institutional and Alumni Networks in Contemporary Japan," *Social Science Japan Journal*, 8(1): 19-41.
土居雅弘，2016,「新卒採用における職場マッチング・職務適性――中小企業に着目して」『評論・社会科学』116：87-104.
深尾凱子，1979,「女子学生の就職」『厚生補導』161：18-26.
福井康貴，2008,「戦前日本の就職体験――人物試験における構造的権力と主観的・想像的権力」『ソシオロゴス』32：1-16.
―――，2016,『歴史のなかの大卒労働市場――就職・採用の経済社会学』勁草書房.
Gelatt, Harry B., 1989, "Positive Uncertainty: A New Decision-Making Framework for Counseling", *Journal of Counseling Psychology*, 36: 252-6.
Goffman, Erving, 1959, *The Presentation of Self in Everyday Life*, Garden City, Doubleday.（＝1974，石黒毅訳『行為と演技――日常生活における自己呈示』誠信書房.）
Granovetter, Mark, 1985, "Economic Action and Social Structure: the Problem of Embeddedness," *The American Journal of Sociology*, 91(3): 481-510.
濱中義隆，2007,「現代大学生の就職活動プロセス」小杉礼子編,『大学生の就職とキャリア――「普通」の就活・個別の支援』勁草書房，17-49.
―――，2010,「1990年代以降の大卒労働市場――就職活動の3時点比較」苅谷剛彦・本田由紀編,『大卒就職の社会学―データからみる変化』東京大学出版会，87-105.
Harold, Crystal M., Krista L. Uggersler & David Kraichy, 2013, "Recruitment and Job Choice," Daniel M. Cable & Kang Yang Trevor Yu eds., *The Oxford Handbook of Recruitment*, New York: Oxford University Press, 47-72.
服部泰宏・矢寺顕行，2018,『日本企業の採用革新』中央経済社.
Hausknecht, John P., 2013, "Applicant Reactions," Daniel M. Cable & Kang Yang Trevor Yu eds., *The Oxford Handbook of Recruitment*, New York:

Oxford University Press, 35-46.
林絵美子・梅崎修・田澤実・下村英雄・八幡成美，2010，「大学1年生における希望業種の男女間比較――『大学生のキャリア意識調査』の分析」『生涯学習とキャリアデザイン』7：111-21.
林絵美子・梅崎修・田澤実，2013，「希望業素の男女間比較――4年間の継続調査」梅崎修・田澤実編著『大学生の学びとキャリア――入学前から卒業後までの継続調査の分析』法政大学出版局，151-70.
平尾元彦・重松正徳，2006，「大学生の地元志向と就職意識」『大学教育』3：161-8.
本田由紀，2005，『多元化する「能力」と日本社会――ハイパー・メリトクラシー化のなかで』NTT出版.
――――，2010，「日本の大卒就職の特殊性を問い直す――QOL問題に着目して」苅谷剛彦・本田由紀編，『大卒就職の社会学――データからみる変化』東京大学出版会，27-59.
堀健志・濱中義隆・大島真夫・苅谷剛彦，2007，「大学から職業へⅢその2――就職活動と内定獲得の過程」『東京大学大学院教育学研究科紀要』46：75-98.
今城志保，2016，『採用面接評価の科学――何が評価されているのか』白桃書房.
稲田恵・田澤実，2013，「希望進路の変化と内定先満足度――学生インタビュー調査」梅崎修・田澤実編著『大学生の学びとキャリア――入学前から卒業後までの継続調査の分析』法政大学出版局，171-200.
岩内亮一・平沢和司・中村高康・平野栄一，1995，「大卒雇用市場の実像――大学生の就職活動の実証的研究」『明治大学教養論集』278：37-114.
岩内亮一・苅谷剛彦・平沢和司編，1998，『大学から職業へⅡ――就職協定廃止直後の大卒労働市場』広島大学大学教育研究センター.
岩崎暁・西久保日出夫，2012，「大学新卒者採用における『求める人材像』の業種別傾向に関する研究――企業ウェブサイトの発信メッセージ分析を通して」『コミュニケーション科学』35：179-207.
岩脇千裕，2006a，「大学新卒者に求める『能力』の構造と変容――企業は『即戦力』を求めているのか」『Works Review』創刊号：36-49.
――――，2006b，「高度成長期以後の大学新卒者採用における望ましい人材像の変容」『京都大学大学院教育学研究科紀要』52：79-92.
――――，2007，「大学新卒者採用における面接評価の構造」『日本労働研究雑誌』49：49-59.

――――, 2009,「企業インタビューから見えてきたもの――『あてはめ型』選抜と『発掘型』選抜」『ソシオロジ』53(3)：125-32.
香川めい, 2010,「『自己分析』を分析する――就職情報誌に見るその変容過程」苅谷剛彦・本田由紀編,『大卒就職の社会学――データからみる変化』東京大学出版会, 171-97.
苅谷剛彦・沖津由紀・吉原惠子・近藤尚・中村高康, 1992,「先輩後輩関係に“埋め込まれた”大卒就職」『東京大学教育学部紀要』32：89-118.
苅谷剛彦編, 1995,『大学から職業へ――大学生の就職活動と格差形成に関する調査研究』広島大学大学教育研究センター.
樫村愛子, 2019,『この社会で働くのはなぜ苦しいのか――現代の労働をめぐる社会学／精神分析』作品社.
経済産業省, 2005,「社会人基礎力に関する調査」.
貴戸理恵, 2007,「『当事者の語り』の理論化に向けて――現代日本の若者就労をめぐる議論から」『ソシオロゴス』31：86-98.
木村亮介・冨永哲雄、2018、「初年次学生における地域志向教育の効果について」『和歌山大学クロスカル教育機構研究紀要』 1：3-10.
木谷光宏・根本孝, 2003,「大学生の就職活動に関する実証的研究」『明治大学社会科学研究所紀要』42(1)：115-90.
岸政彦, 2018,『マンゴーと手榴弾』勁草書房.
児美川孝一郎, 2012,「就職問題とは何か」『これが論点！就職問題』日本図書センター, 6-32.
小菅清香, 2020,「就職活動目標が情報探索戦略に及ぼす影響――探索型戦略の質に着目して」『キャリア教育研究』39(1)：1-12.
小杉礼子, 2003,『フリーターという生き方』勁草書房.
――――, 2007,「企業からの人材要請と大学教育・キャリア形成支援」小杉礼子編,『大学生の就職とキャリア――「普通」の就活・個別の支援』勁草書房, 117-54.
小杉礼子・堀有喜衣編, 2013,『高校・大学の未就職者への支援』勁草書房.
小山治, 2009,「大卒就職に関する質問紙調査における採用重視・評価項目の再検討――事務系総合職採用の能力評価のあり方に着目して」『東京大学大学院教育学研究科紀要』48：69-79.
――――, 2010,「なぜ企業の採用基準は不明確になるのか――大卒事務系総合職の面接に着目して」苅谷剛彦・本田由紀編,『大卒就職の社会学――デー

タからみる変化』東京大学出版会，199-222.
————，2012,「学生による企業の採用基準の認識過程——社会科学分野に着目して」『年報社会学論集』25：73-83.
草柳千早，2004,『「曖昧な生きづらさ」と社会——クレイム申し立ての社会学』世界思想社.
Loseke, Donileen R., 1987, "Lived Realities and the Construction of Social Problems: The Case of Wife Abuse," *Symbolic Interaction*, 10(2): 229-43.
牧野智和，2012,「『就職用自己分析マニュアル』が求める自己とその社会的機能」『自己啓発の時代——「自己」の文化社会学的探究』勁草書房，95-134.
松尾孝一，1999,「90年代の新規大卒労働市場——大学ランク間格差と企業の採用行動」『大原社会問題研究所雑誌』482：17-37.
丸山文裕，1981,「大学生の就職企業選択に関する一考察」『教育社会学研究』36：101-11.
宮道力・三浦孝仁・坂入信也・中山芳一，2013,「企業における採用活動の実態と新規学卒者に求める能力に関する実態調査報告」『大学教育研究紀要』9：233-44.
麦山亮太・西澤和也，2017,「大企業と中小企業が新卒者に求める能力は異なるか——求人情報サイトへのトピックモデルの適用」『理論と方法』32(2)：214-227.
文部科学省，2020,「令和２年度学校基本調査」.
永野仁，2002,「大学生の就職行動とその成果」『日本労務学会誌』4(1)：56-63.
————，2004,「新規大卒者採用とその成功の条件」永野仁編,『大学生の就職と採用——学生1,143名，企業658社，若手社員211名，244大学の実証分析』中央経済社.
内閣府，2020,「学生の就職・採用活動開始時期等に関する調査（令和２年度）」.
中村高康，2010,「『OB・OG 訪問』とは何だったのか——90年代初期の大卒就職と現代」苅谷剛彦・本田由紀編,『大卒就職の社会学——データからみる変化』東京大学出版会，151-69.
————，2011,『大衆化とメリトクラシー——教育選抜をめぐる試験と推薦のパラドクス』東京大学出版会.
————，2018,『暴走する能力主義——教育と現代社会の病理』筑摩書房.
Neckel, Sighard, 1991, *Status und Scham: Zur symbolischen Reproduktion*

sozialer Ungleichheit, Frankfurt am Main: Campus Verlag GmbH.（＝1999，岡原正幸訳『地位と羞恥——社会的不平等の象徴的再生産』法政大学出版局.）
根本孝，2004，「企業の採用基準と即戦力採用」永野仁編，『大学生の就職と採用——学生1,143名，企業658社，若手社員211名，244大学の実証分析』中央経済社.
根本孝・牛尾奈緒美・永野仁・木谷光宏，2005，「大学生の就職行動に関する調査研究」『明治大学社会科学研究所紀要』44(1)：89-153.
日本労働研究機構，1993，『大卒社員の初期キャリア管理に関する調査研究報告書——大卒社員の採用・配属・異動・定着』.
西村孝史・島貫智行，2020，「新卒採用の外部化は何をもたらすのか——2020年新卒採用に関する質問紙調査から」『日本労働研究雑誌』716：130-42.
岡部悟志，2010，「企業が採用時の要件として大卒者に求める能力」『大学教育学会誌』32(1)：114-21.
大島真夫，2012，『大学就職部にできること』勁草書房.
太田聰一，2005，「地域の中の若年雇用問題」『日本労働研究雑誌』539：17-33.
Plummer, Ken, 1983, *Documents of Life*, London: George Allen & Unwin.(=1991，原田勝弘・川合隆男・下田平裕身 監訳『生活記録の社会学——方法としての生活史研究案内』光生館.）
李永俊・山口恵子，2018，「『地域志向科目』が地方大学生の就職地選択行動に及ぼす影響について——弘前市における大学生質問紙調査から」『弘前大学大学院地域社会研究科年報』14：3-14.
————，2019，「大学における地域志向教育が地域愛着と就職地選択意識に及ぼす影響——弘前市における大学生への質問紙調査より」『都市社会研究』11：61-74.
李尚波，2006，『女子大学生の就職意識と行動』御茶ノ水書房.
リクルートワークス研究所，2005，『若者の就業意識調査』
労働政策研究・研修機構，2006，『大学生の就職・募集採用活動等実態調査結果Ⅰ——大卒採用に関する企業調査』JILPT 調査シリーズ No. 16.
酒井正，2013，「学卒不安定就業の社会的コストとセーフティ・ネット」樋口美雄編，「若年者の雇用問題を考える—就職支援・政策対応はどうあるべきか」日本経済評論社，133-57.
佐藤一磨・梅崎修・上西充子・中野貴之，2013，「志望業界の変更が就活に与え

る影響」平尾智隆・梅崎修・松繁寿和編著『教育効果の実証――キャリア形成における有効性』日本評論社，39-65.

佐藤一磨・梅崎修，2019,「インターンシップ体験は内定獲得をもたらすのか？」梅崎修・田澤実・佐藤一磨編著『学生と企業のマッチング――データに基づく探索』法政大学出版局，137-58.

佐藤恵，1998,「社会的相互作用過程における脱自己レイベリング」『年報社会学論集』11：1-12.

――――，2000,「被レイベリング者の受容的抵抗――レイベリング論における抵抗観の再検討」『ソシオロジ』44(3)：39-55.

――――，2001,「犯罪被害者のアイデンティティ管理――被害者の社会学に向けて」『年報社会学論集』14：63-75.

妹尾麻美，2015,「新規大卒就職活動において『やりたいこと』は内定取得に必要か？」『ソシオロジ』59(3)：39-55.

Sharone, Ofer, 2014, *Flawed System/Flawed Self: Job Searching and Unemployment Experiences*, Chicago: University of Chicago Press.

下村英雄・堀洋元，2004,「大学生の就職活動における情報探索行動――情報源の影響に関する検討」『社会心理学研究』20(2)：93-105.

下山晴彦，1986,「大学生の職業未決定の研究」『教育心理学研究』34(1)：20-30.

Spence, Michael, 1973, "Job Market Signaling," *The Quarterly Journal of Economics*, 87(3): 355-74.

Stevens, Cynthia Kay & Lee Roy Beach, 1996, "Job Search and Job Selection," Lee Roy Beach ed., *Decision Making in the Workplace: A Unified Perspective*, Hillsdale: Lawrence Erlbaum Associates, 33-47.

Stiglitz, Joseph, E., 1975, "The Theory of "Screening," Education, and the Distribution of Income," *The American Economic Review*, 65(3): 283-300.

杉山成，2012,「大学生における地元志向意識とキャリア発達」『小樽商科大学人文研究』123：123-40.

隅谷三喜男，1969,「大学卒業者の労働市場――東大経済学部卒業生を中心として」東京大学経済学部『経済学論集』35(2)：117-32.

竹内洋，1988,「就職面接と印象操作」『選抜社会――試験・昇進をめぐる〈加熱〉と〈冷却〉』リクルート出版，71-84.

――――，1995,『日本のメリトクラシー――構造と心性』東京大学出版会.

田中博秀，1980，『現代雇用論』日本労働協会.
田中賢久・佐藤一磨・梅崎修・上西充子・中野貴之，2013，「情報活用が就活に与える影響」平尾智隆・梅崎修・松繁寿和編著『教育効果の実証――キャリア形成における有効性』日本評論社，67-82.
田澤実・梅崎修・唐澤克樹，2019，「進学と就職に伴う地域移動」梅崎修・田澤実・佐藤一磨編著『学生と企業のマッチング――データに基づく探索』法政大学出版局，13-37.
Thurow, Lester C., 1975, *Generating Inequality: Mechanisms of Distribution in the U.S. Economy*, New York: Basic Books.（＝1984，小池和男・脇坂明訳『不平等を生み出すもの』同文館.）
東京大学教育学部比較教育社会学コース・Benesse 教育研究開発センター編，2012，『社会科学分野の大学生に関する調査報告書』ベネッセコーポレーション.
都筑学，2007，『大学生の進路選択と時間的展望――縦断的調査にもとづく検討』ナカニシヤ出版.
東原文郎，2021，『就職と体育会系親和―大学・スポーツ・企業の社会学』青弓社.
上西充子，2012，「採用選考における文系大学生の知的能力へのニーズと評価」『生涯学習とキャリアデザイン』 9：3-21.
梅崎修，2004，「成績・クラブ活動と就職――新規大卒市場における OB ネットワークの利用」松繁寿和編『大学教育効果の実証分析――ある国立大学卒業生たちのその後』日本評論社，29-48.
梅崎修・田澤実，2013，「教育効果の大学間格差――全国の大学４年生と卒業後２年目の継続調査」梅崎修・田澤実編著『大学生の学びとキャリア――入学前から卒業後までの継続調査の分析』法政大学出版局，77-97.
浦上昌則，1996，「女子短大生の職業選択過程についての研究――進路選択に対する自己効力，就職活動，自己概念の関連から」『教育心理学研究』44：195-203.
牛尾奈緒美，2004，「大学生の就業意識と就職活動――ジェンダー・マネジメントの視点から」永野仁編，『大学生の就職と採用――学生1,143名，企業658社，若手社員211名，244大学の実証分析』中央経済社.
若松養亮，2012，『大学生におけるキャリア選択の遅延――そのメカニズムと支援』風間書房.

Wanous, John P., 1973, "Effects of a Realistic Job Preview on Job Acceptance, Job Attitudes, and Job Survival," *Journal of Applied Psychology*, 58: 327-32.

Wehner, Marius C., Angelo Giardini, & Rüdiger Kabst, 2012, "Graduates' Reactions to Recruitment Process Outsourcing: A Scenario-based Study," *Human Resource Management*, 51(4): 601-23.

Williamson, Oliver, 1975, *Markets and Hierarchies, Analysis and Antitrust Implications: A Study in the Economics of Internal Organization*, New York: Free Press.（＝1980，浅沼萬里・岩崎晃訳『市場と企業組織』日本評論社.）

谷田川ルミ，2016,『大学生のキャリアとジェンダー――大学生調査にみるキャリア支援への示唆』学文社.

山本奈生・長光太志，2019,「新卒採用と選抜手法――企業規模の差異に注目して」」『佛教大学総合研究所紀要』26：35-49.

矢野眞和，1993,「新規大卒者の労働市場」『日本労働研究雑誌』405：14-23.

吉岡洋介，2019,「大卒就職機会における学校歴仮説とコミュニケーション能力――インターネット・パネル調査による計量分析の試み」『ソシオロジ』62(3)：3-20.

《著者紹介》
井口尚樹（いぐち　なおき）
1988年生まれ．
東京大学大学院人文社会系研究科博士課程修了．
現在，目白大学社会学部専任講師．

主要業績

『再犯防止から社会参加へ――ヴァルネラビリティから捉える高齢者犯罪』（共著），日本評論社，2021年．

「就職活動生のアイデンティティ維持とその困難――ブラックボックス化されたレイベリング」『ソシオロゴス』40号，2016年．

「就職活動中の学生の限界づけられた主体性――採用基準認識に着目して」『相関社会科学』25号，2016年．

選ぶ就活生、選ばれる企業
――就職活動における批判と選択――

2022年10月20日　初版第1刷発行

著　者　井口尚樹 ©
発行者　萩原淳平
印刷者　田中雅博

発行所　株式会社 晃洋書房
京都市右京区西院北矢掛町7番地
電話　075(312)0788㈹
振替口座　01040-6-32280

印刷・製本　創栄図書印刷㈱
装幀　三森健太(JUNGLE)
ISBN978-4-7710-3656-7

JCOPY〈(社)出版者著作権管理機構委託出版物〉
本書の無断複写は著作権法上での例外を除き禁じられています．
複写される場合は，そのつど事前に，(社)出版者著作権管理機構
(電話 03-5244-5088，FAX 03-5244-5089，e-mail:info@jcopy.or.jp)
の許諾を得てください．